守護靈靈言

習近平的辯解

為中國新冠肺炎所苦惱的領導人真實心聲

大川隆法
RYUHO OKAWA

守護靈靈言　習近平的辯解

目錄

第四章 周恩來的靈言 169

5 對中國領導人的評論

6 周恩來的意圖

2 「日本啊！要像個國家！」

前言

去年的十二月十七日，我在日本埼玉縣超級體育館所舉辦的「愛爾康大靈慶典」時曾提到，全世界將爆發源自於中國的經濟大蕭條。屆時，若是日本採取的對策有誤，有九成的地方銀行將可能面臨倒閉的危險。

此外，在今年年初我也曾經預言，不久將發生看似天然災害的事件，形成中國包圍網，進而引發經濟恐慌。

現在已是三月了，事態正在朝這個方向發展。所謂的「共產黨病毒」，也可說是「極權主義病毒」，由於國家實施資訊管制、言論不自由與常態化的國家營運錯誤狀態，而使新冠肺炎蔓延開來。為此，雖然我們嘗試蒐集與此事件有關的證據，但疫情的情勢恐怕不怎麼樂觀。

感受天意，增產「信仰疫苗」，才是面對疫情的從正面攻擊之法。

二〇二〇年三月三日

幸福科學集團創立者兼總裁　大川隆法

靈言現象

所謂「靈言現象」，是指另一個世界的靈魂存在，降下言語的現象。這是發生在高度開悟者身上的特有現象，並有別於「靈媒現象」（即人陷入恍惚狀態、失去了意識，由靈魂單方面說話的現象）。當降下外國人靈魂或外星人的靈言時，發起靈言現象之人亦可從語言中樞選擇需要的語言，因而可用日語來講述。

此外，人的靈魂原則上是以六人團體所組成，留在天上界的「靈魂兄弟姐妹」當中的一位，擔任守護靈的任務。也就是說，守護靈其實是自身靈魂的一部份。因此，所謂「守護靈的靈言」，即是進入當事人的潛在意識，其話語可視為此人在潛在意識中所思索的內容（也就是真心話）。

然而，「靈言」終究只是靈人本身的意見，其內容有時會與幸福科學集團的見解相矛盾，特此注記。

第一章

習近平守護靈的靈言
——習近平的辯解

二〇二〇年二月二十六日
收錄於幸福科學特別說法堂

習近平（一九五三年～）

中華人民共和國的政治家。所謂的太子黨（中國共產黨高級幹部子弟集團）成員之一。

曾任福建省省長、上海市黨委書記、黨中央政治局常務委員等職，二〇〇八年就任中國國家副主席。二〇一二年成為胡錦濤的繼任者，坐上了中國共產黨總書記、中央軍事委員會主席的寶座。

二〇一三年，在全國人民代表大會上，就任國家主席、國家中央軍事委員會主席。

提問者

藤井幹久（幸福科學理事 兼宗務本部特命專責國際政治局局長）

市井和博（幸福科學專務理事 兼 國際本部長）

1 關於中國爆發的新冠肺炎，詢問習近平國家主席守護靈的意見

深夜中出現的二人之靈

大川隆法 今天我打算聽聽習近平的守護靈靈言。

其實在剛過今日午夜時分，大概十二點左右的時候，原本我正打算就寢，但很難睡著，心想「應該是有什麼人來了」，所以試著調查了一下。

平時來訪的多是身邊之人的生靈，但這次現身的竟是習近平的守護靈與恩格斯之靈（參照本書第二、第三章）。

恩格斯生前是馬克思的合作夥伴，他在馬克思死後，為其出版了許多著作，

使共產主義得以廣為流傳。即便恩格斯之靈出現了，不過，有一位被認為是其靈魂兄弟姐妹（具有和自己不同個性的靈魂的一部分）之人，轉生為法國的湯瑪斯．皮凱提（Thomas Piketty），宣揚著《二十一世紀資本論》等類似新共產主義的思想。

此二人均於深夜現身，讓我覺得有點意外，並且未能充分交談。由於涉及到非常微妙的國際問題以及國家之間的問題等，為了避免因為些微的措辭而產生混亂或爭執，我想再一次請習近平的守護靈，針對他想要說的話語做個整理，並請各位提問者進行提問。

習近平對於新冠肺炎的「辯解」

大川隆法　雖然不知道他這次究竟是為何而來，不過似乎是為了說清楚講明白吧！我感覺他想要對此辯解。這二人大概只出現二十幾分鐘左右，每一個人所收錄到的靈言都只有十分鐘左右，內容並不多，畢竟此時此刻他們正感受到來自全世界的譴責。

特別是，對於沒能充分地公開資訊，處理判斷緩慢，長達兩個月左右置之不理的情形，人們開始產生質疑，內部也開始出現「習近平體制本身存在問題」的聲音，外國的質疑聲浪也越來越高。

無論是今天早上的報紙，還是日本的保守派雜誌《WiLL》、《月刊Hanada》等，都能看見有關武漢市病毒研究所問題的報導，文章中指出「習近平體制本身導致惡性新冠肺炎的發生與蔓延，疫情擴大為全世界帶來了

《中國新冠肺炎靈查解析》
台灣幸福科學出版發行

巨大隱憂」。讀了這些專欄報導後，讓人感覺這就像是以《中國新冠肺炎靈查解析》為基礎所寫出的文章一般。

在這層意義上，我認為中國開始遭受到全世界的譴責。

在中國，全國人民代表大會※延期了，而日本國內也有許多活動不得不被迫中止或延期。

比方說，東京馬拉松最終決定不讓一般民眾參加，有許多祭典活動也被叫停。另外，相撲比賽※也是如此，人們不斷議論著：「不讓觀眾進場，僅留下在土俵上比賽的相撲選手，那麼比賽究竟是會透過電視轉播繼續，還是會取消呢？」

※ 全國人民代表大會　中國國家權力的最高機關，由各地方與軍隊代表組成。每年召開一次會議，進行法律的制定、國家預算的審議等。

※ 相撲比賽　2020年3月1日，日本相撲協會決定同月8日開始的相撲春場所，在沒有觀眾的情況下進行比賽。

支持率低迷的安倍政權

大川隆法 就連安倍政權，也因為先前「賞櫻會」的賄賂疑雲，而遭到在野黨窮追猛打，情況岌岌可危。

去年，安倍政權不顧人氣低迷的現狀，將消費稅漲到了十%，打算藉此活絡景氣。恐怕政府原本打著的算盤是靠天皇與皇后的即位遊行，或是大量的中國觀光客可以刺激經濟，而且將習近平當成國賓隆重接待，也會使日中經濟交流進一步升溫。

此外，透過奧運會等活動，也能讓今年的景氣維持不錯的成績。然而現在看來，這一切可能要落空了。因為本次新冠肺炎疫情的應對，日本也已經開始遭受責難，我認為這當中，同時也包含了「景氣問題」的因素。

此外，安倍的支持率也已出現反轉，不支持率上升到了一定的程度，現狀相當嚴峻。

至於習近平方面，今早在與他的守護靈交談時，我感覺到他似乎正面臨著「最大的危機」。

因為就連日本保守派的評論家，或是支持安倍首相的人們，也有很多人反對以國賓禮遇接待習近平，大家都覺得「搞出大規模的病毒感染疫情，就更不能以國賓待遇接待他了」。

這也就是為什麼，今年不論是兩國之間的關係，或是國際問題，恐怕都將以艱難的情況揭開序幕。

假如是占卜師的話，我想接下來最重要的，就是判斷事態究竟會轉向何方。因此我認為，「考量各方意見，分析來龍去脈，擬定應對方式」也是一種智慧。

原本習近平是要和安倍首相或天皇陛下見面談話的人物，結果我睡意朦朧地在大半夜與他對話，對他來說或許有些失禮。

在今日天亮之前，習近平的守護靈與恩格斯之靈一直呈現「陪睡」的狀態，即便我沒睡幾個小時，但從對方的角度來看，這樣的談話恐怕也是蠻辛苦的吧！

對習近平國家主席的守護靈進行招靈

大川隆法　總之我們先進行召喚。

看看他是不是有什麼沒說到想補充，或是措辭不夠準確、有誤解的地方。又或者是從日本現今所處的環境來看，要是能與習近平直接對話的話，有沒有什麼想直接問他的。

我們有責任要出版和新冠病毒有關的書籍，關於這一方面，我們要走在大部分媒體的前面，代替政府、皇室進行前哨戰，去解讀他的想法脈絡。

終究新冠肺炎的疫情已在各方面產生了影響。我在去年年底的愛爾康大靈慶典※上，曾提出警告：「日本的地方銀行很危險。假如不擬定對策的話，從中國爆發的經濟危機也許會導致九成的地方銀行破產。」今年一月，金融廳的長官便召集地方銀行的高層訓話：「請各位動動大腦，想想有什麼賺錢的方法。」

我舉行了講演會，並將其內容收錄成《邁向嶄新的繁榮時代》一書出版，同時還在《真自由》雜誌（二〇二〇年三月號）刊載相關報導，或許是這三個來自本會的資訊發揮了作用，金融廳長官馬上召集地方銀行的高層，對他們表示「千萬別被低迷景氣擊倒」。我認為，我們的言論就是以如此形式給予政府影響。

今後與中國的關係將會如何變化呢？畢竟三、四月的狀況會越來越危險，所以我認為今日，為了國民，包括媒體和

※　去年年底的愛爾康大靈慶典　2019年12月17日，在日本埼玉縣埼玉超級體育館舉行的愛爾康大靈慶典，舉行了以「邁向嶄新的繁榮時代」為題的法話講演，並發行為《邁向嶄新的繁榮時代》（幸福科學出版發行）一書。

政府，在某種意義上蒐集可供參考的素材是相當重要的。

就中國來說，由於民族性的關係，要他們承認是自己國家的責任，雖然在歷史上挺罕見，但就本次的新冠肺炎，對方或多或少也想找藉口開脫。他們會用「難道要把責任都歸咎到中國身上嗎」的方式，試圖讓自己的責任看起來小一些。

那麼，我們就來召喚今日的主角吧。

我們想要召喚中國國家主席習近平的守護靈，就目前自中國爆發的新冠肺炎的感染問題、因肺炎而死亡的問題等，從政治、宗教及其他方面來請教你的看法。

（大約沉默十秒鐘）

2　被新冠肺炎疫情問題所困的中國

透過「非正式管道」向日本傳達意見的守護靈

習近平守護靈　（吸氣）哈……（吐氣）嗯。

藤　井　你好，你是習近平國家主席的守護靈嗎？

習近平守護靈　嗯。我常常來你們這兒，你們還出版了幾本有關我的書※，好像有點給你們添麻煩了。

藤　井　聽聞你昨夜短暫到訪，今天邀請你來，是想正式地向你請教幾個問題。這也是今天「習

※ 你們還出版了幾本有關我的書　習近平國家主席的守護靈靈言，收錄於《香港革命 - 習近平 vs. 周庭 守護靈靈言》、《習近平守護靈論維吾爾族的鎮壓》等書中（皆為幸福科學出版發行），共計已出版五冊。

近平守護靈的辯解」的主旨。

習近平守護靈　啊哈（笑）。這還不到「辯解」的程度，只不過我覺得必須向日本國民傳達一下我的意見。因為在中國還不具備能將國家主席的話直接傳達給日本國民的體系，所以希望能透過這個「非官方管道」，也就是你們的管道，將我的思想和希望完整地傳達出去。另外，也是希望日本方面能好好斟酌接下來該如何應對。

藤　井　謝謝。幸福科學現已出版了《中國新冠肺炎靈查解析》一書，如今，針對全世界矚目的新冠病毒問題，我想習近平主席也有一些看法吧。現在，你是怎麼想的呢？

習近平守護靈　嗯嗯，似乎是有點小失誤。哎呀，日本的保守派雜誌也報導了，雖然被爆出來也沒辦法，不過在武漢市，的確存在一個研究細菌、病毒的研究所，這是事實，是的。

總之……，即便官方不可能承認，不過針對「恐怕是研究所研發的新冠病毒外洩」的非官方說法，外界好像掌握到了某些證據。

儘管如此，要中國方面正式表明態度是不可能的。

我只能說「或許確有其事」，摸著良心發誓，搞不好就是真的也說不定。即便是這麼一回事，可是畢竟官方沒有承認，不管別人怎麼說，都只要說是「事故」或「大自然的因果業力」，一口咬定「生鮮市場可能發生了什麼」就行了。

對此雖然我們打算掩蓋起來，但現在被人們抱怨「應對不力，不夠及時」，這一點的確有些難搞，因為我們也沒料到局勢會發展到如此地步。

藤井 方才你提到了武漢的研究所，那麼，可以將這個病毒理解為「生化武器」嗎？

習近平守護靈 所以說，這是高度機密。不論哪一個國家，都有國家機密吧，不是嗎？

日本也不會公開「日本實際上，各方面研究到了什麼程度」的軍事機密吧！同樣的，「中國的研究進行到什麼程度」，自然也不可能對外開誠布公。中國和北韓、伊朗可不一樣。要我們接受外國的各種監督檢查，絕無可能！

藤　　井 此外，昨天你也有提到，現在中國處於被世界各國逐漸「隔離」的狀態（參考本書第二章）。

習近平守護靈 是的……。不過，「隔離」這個詞還真是不討喜。嗯，總之，這個擴散到全世界的病毒，目前正逐漸獲得控制也是事實。

王朝更迭時瘟疫會肆虐？

藤　井　目前已形成問題的其中之一，就是中國國內公開資訊的糟糕現狀……。

習近平守護靈　哎呀，要是真的公開資訊，那不就完蛋了嗎？

藤　井　雖說如此，難道你不怕「體制崩塌的危機」嗎？

習近平守護靈　不，這個我也不好說。就拿「西方的民主主義」來說吧！所謂公開資訊，結果就是讓民眾看到對政府不利的資訊。基本上就是這樣吧？公開對人民不利的事情，我們只會更容易執政，這也沒什麼好為難的。要說為難，恐怕將政府笨拙的一面公諸於世，才是真的要為難囉。是吧？

藤　井　最近英國《金融時報》的報導中，有一句「王朝更迭時往往瘟疫肆虐」的描述。

習近平守護靈 這種迷信，外國報紙不應該刊載。英國的報紙，上面寫的東西不能盡信。不能被黑魔法給迷惑了。

藤井 這篇文章也被《日經新聞》引用轉載了。

習近平守護靈 區區《日經新聞》之流，連真正的經典著作都沒讀過，不應該亂寫。

藤井 關於這方面的事情，現在非常引人注目。然而，世界上有評論說，關於應對措施的失誤，將可能導致「中華人民共和國面臨建國以來最大的危機」。對於這個評論，希望你能坦率地表達你的看法。

習近平守護靈 這個嘛，中國國土這麼巨大，動物種類也是非常地多。病毒既有可能發生在蝙蝠身上，也有可能發生在豬隻或鳥禽類的身上，過去中國就經常爆發禽流感。有些事確實會發生在不為人知的地方。

總之，雖然在研究上的確進行著各式各樣的實驗，但我們也不可能全部都看到，也就無從得知，病毒是從何處洩漏到外面。

所以，這究竟是不是中國方面的失誤還難以評論，對吧？說不定，是西方某個國家，派了像是「不可能的任務」中湯姆・克魯斯那般的特務，陰謀陷害我們呢！

藤井　原定今年三月召開的全國人民代表大會被取消了，恐怕這沒有前例吧？

習近平守護靈　哎呀，這部分沒考慮那麼多。封鎖武漢之後，就覺得也該暫停這場會議，就這麼簡單。

藤井　北京的事態已經如此緊急了嗎？

習近平守護靈　不，這部分我不可能告訴你。要是被看見了，就會失去國民的信賴。

藤　井　那麼，你有沒有勝算能夠跨越這般艱難的處境呢？

習近平守護靈　敵人確實想利用這方面為難我們，然而我們自己卻沒有什麼好為難的。嗯。

藤　井　不光是病毒，現在，經濟方面的嚴重影響也已經開始逐漸顯現了吧？

習近平守護靈　嗯……這個嘛……嗯……。美國的疫情擴大的話，美國就會變弱。所以說，這是對中國展開貿易戰、提高關稅的報應，現在美國的疫情才會大流行，經濟情況不樂觀。這時我們就可以引用他們的說法，說「此刻正是王朝更迭之時，川普不應該連任」。嗯。

藤井 實際上，在中國國內，武漢市市長曾說，「市政府不能公開資訊」。現在中國內部正在四處推託、互相推卸責任吧？

習近平守護靈 沒丟了腦袋，就應該感到萬幸了。原本應該要讓他腦袋搬家的。

藤井 只不過，實際上，共產黨的體制已出現相當程度的動搖了，不是嗎？

習近平守護靈 不會，我說過了，中國很大。畢竟人口有十四億，是日本的十倍，國土也是你們的二十五、六倍。你明白吧，中國是很大的，是「恐龍」啊！所以說，就算被老鼠咬住了尾巴，痛覺訊號傳到大腦也要花上三十分鐘呢，就是這麼一回事。所以說，不是體制不好的問題，單純只是因為太大了。嗯。

做為國賓來日訪問是為了「提升好感度」

藤　井　大川隆法總裁在剛開始時曾提到，大家都很關注，今年習近平主席做為國賓訪問日本的事。

習近平守護靈　這個嘛，我又不是自己一個人來，肯定會有很多人跟我一起來，這是理所當然的嘛。你們不喜歡這樣吧？因為這當中會發生一些問題。就算安倍表態，會拚命確保一切按計畫進行。但要是他食言，那就是自己打自己臉，等於承認自己失敗了。雖然他說「會做到最大限度」。

只不過，要是所謂的國賓待遇，就是先對全體隨行人員做病毒檢測，然後再決定我們能不能入境，那麼要說有多失禮就有多失禮吧？嗯。

藤　井　你在就任國家主席前，日本還是民主黨執政時期，當時你強行拜會了日本天皇，在日本國內引起了軒然大波。說到底，對於「拜會天皇」一事，大家會認為你在政治上抱有強烈的意志，背後究竟有何深意？會覺得你是否有著什麼目的？

習近平守護靈　這是為了提升我的形象。假如雙方戴著口罩會面的畫面傳出去，未免也太失形象了，一點都不帥。天皇陛下戴著口罩、雅子妃戴著口罩，我也戴著口罩，這種會談的畫面流傳出去，就彷彿是在向全世界釋放什麼危險的訊號，那可就大大不妙了。

只不過，要是讓中國的醫師為我做檢查，然後說一句「沒有被感染，很安全」就可以乘上專機，然後暢行無阻地住進飯店、探訪皇居，那麼日本方面心裡要有多不爽就有多不爽吧？然而，若是要求「日本的醫師先到飯店採檢」，那就是失禮、有失體統。哎呀，這個問題是確實存在的吧？嗯。

強調「日本經濟依賴中國」的守護靈

藤　井　這一次，也就是昨天晚上，習近平主席的守護靈自己前來，是想對日本或世界傳達一些訊息嗎？還是想要發出求救的ＳＯＳ訊號呢？

習近平守護靈　我正為難著呢！有點感到意外啊！

我覺得安倍也正一籌莫展吧！哎呀，要說是「天意」的話，「消費稅一上漲中國的經濟突然就不好了，日本也產生連鎖反應，經濟下滑。進軍中國、與中國有貿易往來的企業股價全都下跌」，局面變成如此，看來除了「天命要換掉安倍」之外，就再無別的可能性了吧？而在這之前，問題就剩下「我能努力到何種程度了」吧？

原本，如果疫情在三月左右得以平息的話，就會恢復景氣，對經濟的影響就只有一點點而已。因為一月的時候，大家都還覺得沒什麼的到中國來。我認為，只要在二月、三月做些調整就行。被抑制的消費，會在夏天奧運會前後湧入日本，景氣問題就能得到緩解。

就連日本也是一樣，各種活動接連暫停、中止、取消，會變得如何呢？而且日本的判斷也有些遲緩，反應太誇張吧？「小學、中學接連停課」、「北海道臨時停課，而且一連好幾天」等，明明病毒又沒有大流行，就已經宣布「停課」，這難免有點誇張的感覺。

藤　　井　最近開始聽到有一種說法是，「這是日本企業從中國撤退的好時機」。

習近平守護靈　但是，損失太大了吧！畢竟設備也投資了不少，都是日本的錢啊！

藤　　井　關於這一點，你是不是有很多想說的？

習近平守護靈　棄置日本的財產然後回國，那就只能留給中國用了，這樣好嗎？萬一，真的只是持續兩、三個月而已呢？

藤　　井　那對中國來說，會變成令人頭疼的問題吧？

習近平守護靈　不，日本也很頭疼吧？聽說「無法進口零件，汽車都無法生產」了吧？

昨天，我聽說你們在做玩偶，不是嗎？圓圓的像個真的小動物似的。當你們想做玩偶的時候，因為中國出了問題，交貨速度比平時慢，沒有那麼容易拿到貨品。所以說，日本非常地依賴中國。

雖然我不知道是怎麼一回事，什麼？不，我進行這種宣傳是不對的。那是奇蹟村村長※的玩偶對吧？那不是我應該宣傳的東西，因為不知道中國人會說什麼。總之就是你們內部的那個什麼象徵物、吉祥物之類的東西，所有的製造業都與中國有著密切的聯繫。

所以說，現在不是講這種話的時候。必須生產口罩才行，才不是說這種話的時候。嗯。

藤井　日本的自民黨的某位幹事長曾說過，想送一些口罩（之類的援助金）。你是如何看待這個動

※ 奇蹟村村長　在大川紫央總裁輔佐的繪本著作《PANDA ROONDA》系列（幸福科學出版發行）中出現的人物。是主角小熊貓住的村莊的村長，外表看起來像是一隻兔子。

向的呢？

習近平守護靈 雖然口罩公司的股價現在是上漲，但之後肯定會下跌破產的。因為這些公司接下來，會因為生產過剩而倒閉，真可憐啊！先是股價上漲，緊接著就是破產。明年一定會破產，絕對會。

藤　井 在現在如此危機當中，希望日本方面提供多方援助，也是從事間諜活動的好時機吧？

習近平守護靈 日本方面有人宣稱「要給我們慰問金」，或者表示「不應該給」的各種聲音都有。

不過，這個啊，我的個性，怎麼說呢？不喜歡搏取他人的同情。說到底，平易近人不是我的個性，讓大家畏懼才更像我。

藤　井 但是，現在似乎不是表現強硬的時候啊！

習近平守護靈 嗯……我也是不想被傳染，所以現在才對此感到為難啊！

「景氣相當低迷，無法預估何時會好轉」

藤　井　說到經濟狀況，即便中國共產黨體制多年來以經濟成長做為人們的向心力，但這次的危機，說不定會讓經濟成長率出現負數。你有掌握現在的情況嗎？或者，你是否具有解決問題的能力呢？

習近平守護靈　我們和日本一樣，這部分已經……。外出方面，比日本還嚴格。不能外出、不能旅行，城市之間的交通也看不見人影，地鐵也空蕩蕩的。

由於中國內需巨大，所以就這個層面上來說，經濟確實受到相當大的影響，景氣相當低迷，無法預估何時會好轉。

外國也是，既不願意來中國投資，也不願意來中國販賣產品。畢竟飛機已經禁航停飛了，這方面，看來我得學學日本鎖國時代的經驗了。

鎖國究竟是怎麼一回事，必須要研究一下才行。

大概會出現零成長吧？一旦鎖國的話，恐怕就會變得如此吧！

3 新冠肺炎蔓延的恐怖真相

感染的真實情況是「恐怕人數已逾百萬」

市　川　我認為，中國以及全世界的人們想瞭解的是，「真實的情況究竟是如何」，也就是感染者及死亡者的真實數字。

習近平守護靈　這部分，畢竟「只要不公布，就和沒有實際數字是一樣的」。必須要編一個數字出來才行。也就是說，數字會依據我的決定而改變。

市　川　今日，你以靈的形式降臨，我想請你坦誠地回答，就你的感覺來看，感染者人數是目前已公布人數的多少倍呢？

習近平守護靈　目前公布的人數※已經超過八萬人了吧？八萬左右。實際上已超過「一百萬」了吧？你看，因為醫生根本就不夠，民眾無法得到診治。從這一點就可得知啊！

無論哪裡的醫院都爆滿，排隊也排不進去，想住院也住不了。就算發現生病了，也沒有藥，更沒有疫苗。所以才會傳出「在家裡發燒，如果會死的話就死吧」的說法，如此一來也不用列入統計數字。要是死在醫院，就必須統計死亡的人數，就要對「死了幾個人」這件事有個準確的數字。所以說，希望大家都不要出門，要死就死在各自的家裡面。

市　川　似乎監獄裡的感染情況也很嚴重。

習近平守護靈　是啊……監獄、軍隊、員警等等都非常苦惱。畢竟像這樣的集體行動，根本無處可逃。

即便監獄的情況如此，卻也不可能因而釋放犯人。能把他們放到哪裡去呢？

為什麼中國政府會罕見地承認錯誤？

及　川　從昨日你到大川總裁這裡說的，以及剛才所說的內容來看，你的態度與之前相比，似乎發生了很大的變化，是不是你的心境有了什麼轉變呢？

習近平守護靈　心境的轉變……。你說了很多「協助中國的話」，這與幸福科學的意見並不一致，我已

※　目前公布的人數　截至2020年2月25日的中國官方公布資料，中國本土的感染人數為77,658人，全世界的感染人數為80,241人。截至到3月2日為止，據公布資料中國本土感染人數超過了8萬。

經看穿了你心裡的矛盾之處。你現在是為了中國而拚命工作吧？對吧？「援助中國」、「送口罩給中國」、還有「為了防止景氣變差，大家要加油」之類的。你肯定會為我們做點什麼的對吧？也送些糧食給我們吧！

及川 你在上週日公開發表了談話，在談話中，你罕見地承認中國的失誤，這在世界引發了廣大的議論。

習近平守護靈 你說的這件事，畢竟是五十年或一百年都沒有發生過一次的情況。所謂「中國主動承認自己的錯誤」，別說是我了，就算是發言人也不可能承認，一般來說不會發生這種情況。我們可是發射導彈攻擊對方，也死都不會承認的國家啊！嗯。

及川 雖然我沒想到你居然會真的承認，但你這次為什麼要承認呢？

習近平守護靈 因為這是一個危機。哎呀，被孤立是很恐怖的，要是被孤立可就麻煩了。我的一帶一路戰略如果沒處理好的話，也會全軍覆沒。

大家對中國已經……。

一般來說，這會引發後遺症不是嗎？東日本大地震中福島核電廠發生事故，即使日本說「已經沒事了」，但是外國根本就不相信，不是嗎？韓國到現在都還不肯進口日本的漁產品，還說「反正日本人肯定在說謊」。

對此，日本人則說：「與韓國近海捕獲的魚相比，日本三陸地區漁產品的輻射污染還不及韓國的百分之一。」這就要看你願意相信什麼了，畢竟真假無從得知、無法分辨。韓國方面似乎是「一邊吃著自己海域的高輻射海魚，一邊不肯承認從日本進口漁產品。」

只不過，當時那樣鋪天蓋地的報導，日後必然會在人們心中留下強烈的印象。

美國也是同樣，「九一一」恐攻時摩天大樓倒塌，剛開始的時候到處都在播放這段影片，可是後來就不再播了。因為那個畫面會深深刻畫在人們的腦海裡，留下恐懼的體驗。畢竟美國有很多摩天大樓，要是一個個都受到攻擊，那恐怕國民只能都逃到地下防空洞去避難。讓人們處於如此恐慌的狀態會引起大混亂，所以才停止播放。

所以我們也是一樣啊，不能讓壞印象傳播到全世界。

及川 原來如此。我從你的話當中，充分地感受到「要為中國今後的形象做打算」的意思。

習近平守護靈 不是，暫且先……。

承認「新冠病毒是從武漢病毒研究所洩漏的」

及　　川　還有另一件令我震驚的事，就是你今日一出場便承認武漢有一間病毒研究所，還說那裡洩漏了新冠病毒。

習近平守護靈　這個已經藏不住了。

及　　川　藏不住嗎？

習近平守護靈　應該是藏不住了。這已經……。

及　　川　但是你這麼一說，就意味著你明白「現在收錄的影片會在世界廣為流傳」，那麼關於這一點……。

習近平守護靈　哎呀，你們都出了好幾本關於我的書了吧？其實，也是挺好的一件事嘛！我被你們說成是「成吉思汗的轉世」，這讓我心情大好。「一帶一路」什麼的，你們也有提供幫助啊！你在說什麼啊!?不要批判我啊！

及川　也就是說，透過本次的靈言，你認同將「有這麼一個病毒研究所，從那裡洩漏了新冠病毒」的事實告訴全世界？

習近平守護靈　哎呀，已經，基本上……，我覺得這差不多算是被掌握住了吧？想要封住中國人的嘴已經做不到了，武漢人也大概都知道了吧。從一個賣魚的批發市場傳出來的病毒，輕易地就席捲全球，這怎麼可能嘛（笑）！真要是那樣的話，那就要找找「病毒是從哪一種魚來的了」。「是哪一座養魚場，到底裡面混雜了什麼東西才變成了這樣？」如果這樣追查下去，真相就更藏不住了。普通漁業養殖的魚能將世界污染到這種程度？那就怪了。遲早會暴露出這一切都和研究所有關。

及　　川　原來如此。你承認這個事實，我認為意義非常重大。

習近平守護靈　這的確是事實。

正在研究的病毒有一萬種以上

及　　川　那麼你知道，在那一間研究所裡，都在進行著什麼類型的病毒的研究嗎？

習近平守護靈　哎呀，不可能全都讓他外洩吧？

及　　川　但是，你知道是在研究什麼病毒吧？

習近平守護靈　種類嘛，正在研究一萬種以上的病毒。

及　　川　原來如此。

習近平守護靈　所以我也不是全盤了解。

及　川　原來如此，確實。

習近平守護靈　不是專家就無從瞭解，或許研究所所長之類的人就會知道吧！但是具體研究進行到什麼程度，我不知道。只不過，你們要是逼問得太緊，說不定哪天夜裡研究所所長就走到樓頂上，輕輕往下一跳了呀！你們還是注意一點比較好。

及　川　我明白了。

真的打算將生化武器用在自己的國民身上嗎？

藤　井　前幾天在新冠病毒靈查中，曾提到生化武器的目的之一就是「消滅高齡者和體弱多病之人」。這真的是研發那種病毒的真正意圖嗎？

習近平守護靈　不是的，這個嘛，你問的這個問題還真是唐突啊！沒想到你會問這個問題。

藤　　井　我知道現在你要維持體制，可說是危機四伏。但是，你的想法當中竟然有著「讓國民大量死去也沒關係」，這個……。

習近平守護靈　你們能讀取我的思想到如此程度，真厲害，我真的有點嚇到。

藤　　井　感覺自己像是被看穿了，是嗎？

習近平守護靈　嗯……一般，不會想到這一招吧！就算製造出這種生化武器，普通來說會針對敵國投放，「有可能針對本國國民使用」這一點，大多是意想不到吧？一般人的話。

藤　　井　是。

習近平守護靈　只是，使用這種手段，還是……，哎，畢竟出現像是希特勒那樣的名聲是我不願意看到的。應該要搞一個強制聚集區，把那些死了也沒關係的人都送到裡面，必須要做到這一步才行。

藤　井　這也就是說，這個病毒是為了對付維吾爾族等少數民族才研發的嗎？

習近平守護靈　嗯，維吾爾族人散落在各處，將這些「窮凶惡極之人」都集中在一平方公里的範圍內，把週邊完全封閉起來。讓他們在裡面勞動，刨土挖坑，命令他們深挖。這就像秦始皇的兵馬俑一樣，變成土做的軍隊，把他們埋起來就可以了。

雞隻什麼的，就是這樣被掩埋的，這叫做「掩埋處理」。

藤　井　那麼，你是從希特勒的納粹方法中，學到了什麼嗎？

習近平守護靈　哎呀，「不為人知地去做」是非常重要的。被人知道了就糟了。但確實我有那麼想過。

藤　井　最近流行一個形容當今現況的詞「Chinazis」，即「中國納粹」。將英文「中國China」的「na」和英文「納粹Nazis」的「na」，同音連讀創造的新詞。

習近平守護靈　只是，這個詞之所以無力，是因為無法進到維吾爾採訪。這個嘛，納粹當年也無法採訪啊，理所當然嘛！一切都是在垮台之後才被爆出來。所以說要是沒有戰敗，就不會暴露。如果外國媒體來了，只要跟他們說「危險地帶無法進入」，就可以搪塞過去了。

藤　井　按照現在的規模來說，有「超過納粹」的可能性？或者說已經超過了？

習近平守護靈　這沒辦法啊！畢竟中國人口眾多。德國才幾千萬人而已，本來規模就不同啊！

4 如何看待對世界的影響？

將話題轉移至「美國死於槍擊的人更多」、「讓非法移民感染病毒」

市川 剛才，你提及了有關美國的話題，在美國有報導說「死於流感的人當中，其實有一部分人是死於新冠病毒」。針對美國，你是否有打算採取什麼動作？

習近平守護靈 要是美國有人死了，就算不是新冠病毒致死，被槍殺也一樣得死，殊途同歸啊！那裡都用槍解決個人恩怨，因仇恨、復仇等被槍殺的人們……。

總之，我也不瞭解情況，美國的統計資料是真是假誰也不好說，我不太清楚啦！說真的，難道美國每年被槍殺的人沒有十萬人嗎？

但是，那些大部分都被當成疾病或者意外事故處理掉了吧？所以說，真的被別人看見了，「殺人」的證據不得已暴露出來時，也許才會計入統計數字。實際上因為個人恩怨用槍殺人的案例，應該還有很多吧？

所以說，既然每年有十萬人死於槍殺，新冠病毒稍微流行一下，美國又死了幾個人，這種程度對美國來說是見怪不怪吧！

及　川　從本週開始，美國和歐洲的股價下跌得非常厲害。

習近平守護靈　嗯嗯。

及　川　今天的環球時報（中國共產黨的官方媒體之一的報紙）中，關於世界股價低迷做出了評論，大意就是景氣非常地不樂觀，世界各國應合為一體，一起幫助中國。

習近平守護靈

你應該會支援中國吧？當然了，你就是這樣的人啊！你是具有國際視野的人，一定會這麼考慮的。你不是日本人。

如今世界經濟受到中國的影響，也許已經開始大蕭條了，你是如何看待這種緊張氣氛的？

及川

嗯，終究所有的事物都是一體兩面，即有壞的一面也有好的一面，應該思索如何將事情轉向好的一面去。我想傳授給川普一個智慧。

習近平守護靈

墨西哥的移民問題，在選舉中爭論不休。據說豎起柵欄、建起圍牆讓墨西哥人進不來之類的政策飽受批判。但就算築一道高牆，偷渡者從地下挖一個隧道就可以了，畢竟只要花一晚上的時間，就能在地底下挖出個洞來，所以蓋了圍牆也是白搭。
在邊境附近把偷渡來的非法移民抓起來，然後就地使其感染新冠病毒，這不就解決了？和消滅蟑螂差不多，感染上病毒很快就會死了。只要說「他們好像是罹患肺炎死掉的，看來美國的天氣對他們來說太冷了」，問題就解決了。

「把橫濱港的郵輪弄沉不就得了」的謬論

及　川　就是這種輕視人權的主張，使得你現在正成為全世界批判的對象，對此你怎麼看呢？
不是吧！你的思想實在是太落後了。

習近平守護靈　我說啊！在這種世界性的危機面前，要講究什麼人權的話，那就什麼都晚了，你懂不懂啊！這個在日本的雜誌上也有寫，好好給我讀一讀啊！上面寫著呢，「此時談人權問題的傢伙是傻瓜」。現在哪是講人權的時候，比起人權，避免世界陷入危機的行動才應該優先。

所以說，最後橫濱港郵輪上有三千七百人，大部分都下船了，我不清楚問題到底解決了沒有。不過，讓那種船沉入大海，問題就解決了。不需要廢話。為了不讓船浮上來，把船開到遠一點的地方，多放點重物把船弄沉，只要讓船沉在三千多公尺深的海底，就解決了。什麼新冠病毒都不必擔心，一勞永逸。

拖了這麼長時間，任由各種報導和影片滿天飛，讓日本的形象大受影響。中國人被「禁止通航」，很多國家宣布「限制入境」。再這樣下去，喊著「日本人千萬別來」的國家也會增加吧？

日本的媒體也是傻，拚命報導各種負面新聞，每天重複報導，連ＮＨＫ國際頻道也是如此。這樣人們就不想去日本了，還會拒絕接待從日本來的客人。

這樣下去，你們覺得好嗎？大川隆法的海外講演會也全都會泡湯啊！（對提問者市川說）你這下傷腦筋了吧？

市　川　我們會向世人打「信仰疫苗」。

習近平守護靈　哎呀，那根本沒用啊！那根本不存在。沒有貨真價實的疫苗都是白搭！

這是「神的計畫」還是「惡魔在搞鬼」

及　川　但是，在沒有具體疫苗的情況下，你剛才說「到了三月就會平息」，而另一方面，從現在開始，恐怕還存在進一步擴大的可能性。

習近平守護靈 有可能。

及　　川 對此，你是如何考慮的呢？

習近平守護靈 這個嘛，我是這麼想的。局勢已經超過了我的能力，我認為這已經是「神的計畫」了，嗯。神看到人類的數量正從現在的八十億朝向一百億增加，大概他希望「現在讓人口減少一半」吧？如果是那樣的話，那我們就為了神「奉獻」一下吧！

市　　川 現在，你用了「神」這個詞，我一方面覺得高興，另一方面也覺得震驚。也就是說，你是相信「神」的囉？

習近平守護靈 不，我說的「神」，其實指的是「惡魔」。

藤　井　在新冠病毒靈查當中，出現了一個叫做「R・A高爾」的外星人。

習近平守護靈　哎呀，那個就是惡魔

藤　井　啊啊？原來如此。

習近平守護靈　那就是一個惡魔，他把真面目和名字都隱藏起來了，那就是惡魔。

藤　井　啊，原來你是那樣理解的。

習近平守護靈　那是惡魔啊！惡魔確實是存在的啊！中國發生了這個大規模的感染，官方資料說八萬多人感染了，死亡兩千六百多人，這就是惡魔搞的鬼。說實話，實際的數字更龐大。所以，除了惡魔之外，我還能怎麼想呢？

藤　井　用中國人比較容易理解的方式來說的話，應該解釋為「天意」、

「天命」。

習近平守護靈 說那是「天意」也行，「天」上有時候也住著「惡魔」。這一點，你們的研究做得不夠。

藤　井 根據R．A高爾的說法，因為中國再過不久就要用武力威嚇台灣和香港，於是才有了這次動作。

習近平守護靈 哎呀，這就是惡魔，只有惡魔才能搞出這種動作。所以我說啊，看看人口，香港七百萬，台灣只有兩、三千萬。對吧？為了讓這點人活著，就讓十四億人受苦，這不是惡魔還能是什麼呢？神不可能這樣思考。神應該會好好計算清楚，只要看看數字就能明白，神應該會拯救大多數人的。所以說，讓中國這邊受苦，這就是惡魔在搞鬼，結論顯而易見。

5 因新冠病毒而中斷的侵略計畫

「在中國南部的導彈基地，進攻台灣的準備已經就緒」

藤　井　你在今年（二〇二〇年），有沒有什麼軍事行動的安排或計畫？

習近平守護靈　我是不會容許台灣再這樣下去。（台灣總統）我必須要教訓他們，讓他們知道蔡英文當選會發生不幸之事。

藤　井　只不過，你沒有逆轉民進黨勝利的局面啊！

習近平守護靈　我們已經做好了進攻的準備，而且提前部署了各種行動。各種間諜活動、賄賂收買等，可都沒少下功夫。

只不過，既然蔡英文還是贏了，那就有必要好好讓他們知道什麼叫做因果報應。雖然蔡英文勝選，但不幸之事即將降臨。在中國南部的導彈基地裡，導彈的準備已經完成。在這隨時可以發射的時候，出現了這個疫情。這個節骨眼上居然發生了這種事，簡直是……。

藤　井　這麼說來，假如不是因為新冠肺炎的疫情，那導彈就已經發射了吧？

習近平守護靈　是啊！大概春節一結束就會進行第一波攻擊吧！

藤　井　這是針對台灣，還是針對香港的呢？是針對哪一個呢？

習近平守護靈　若是先發射一枚導彈威嚇一下台灣，我想香港也會感到害怕吧！畢竟他們連一件像樣的武器都沒有，只有小石子、火焰瓶之類的東西。一旦攻打台灣，那香港就會馬上投降。我們若是真的動手，香港毫無勝算。

何以會出現「孤立中國作戰」的局面？

藤　井　去年十一月香港進行了區議員選舉，結果是「民主派取得了壓倒性的勝利」。我認為這個結果對中共來說，是事與願違吧？

習近平守護靈　那很奇怪，非常奇怪。本來我是有一個「孤立香港的戰略」，就像如今世界各國對中國的做法一般。與香港有貿易往來的國家將不被中國承認，這樣一來，和香港有貿易往來的地區就會越來越少。台灣也是如此，這兩個地區就逐漸被孤立了。

如果不聽中國的話，那就不搭理你，讓你在國際貿易中沒有立足之地。儘管制定了這樣的孤立戰略，但局面卻變成了現在的「大國・中國被完全孤立」，稍微有點混亂。

藤　　井　如此局勢確實與你當初的預想背道而馳。

習近平守護靈　嗯。若是我把香港的港灣給封鎖起來，到時什麼都做不了吧？對吧？港口外側排列著中國的軍艦，將炮口都對準香港。香港上空是中國軍機盤旋的狀態，一旦取得制空權，香港就成了死地，只能投降。

對日本「糖果與鞭子要分別使用」

藤　　井　尖閣諸島也被瞄準了嗎？

習近平守護靈　不，對於尖閣諸島的準備正在進行著，當然，肯定是這樣啊。我這邊在忙著對付疫情，沒時間對軍隊發出中止的命令啊！在新冠肺炎流行之時，軍隊每天都對尖閣諸島一點一點地侵犯。

藤井 軍隊執行的是去年的命令，他們還在按命令執行中。

會不會他們已經不按照習近平主席的命令行動呢？

習近平守護靈 不，我每天需要進行判斷的數量太過龐大。

藤井 我認為為了提升日本人的親中情感，像是那種事還是不要繼續比較好。

習近平守護靈 哎呀哎呀，這個嘛，就是「糖果與鞭子」，兩個缺一不可啊！到底日本人認為親中派強大了，與中國的關係更加友好，進而帶來的利益會比較多？還是認為發動軍事戰爭，滅了日本會比較好？巧用這兩個選擇斡旋交涉，才是我的基本招式。

瞄準香港、台灣、尖閣之後，「下一個目標就是成立大中華帝國」

藤　井　在瞄準香港、台灣、尖閣之後，你將朝什麼目標前進呢？

習近平守護靈　嗯，應該是「成立大中華帝國」吧！

現在中國有十四億人，面積也和美國差不多。美國那邊的石油、天然氣、煤炭之類的資源稍微豐富一些，燃料比較豐富。

但不能因為這樣，就說我們比不上美國。實行一帶一路之後，從亞洲到歐洲將形成中國的新絲綢之路，屆時美國就無法插手了。

此外，今後只有歐巴馬那樣的人才能在大選中勝出。

藤　井　只是，若是你以武力威脅台灣的話，美國不可能袖手旁觀，你沒預想過會遭到反擊嗎？

或者說，你在對日本政府施壓方面有什麼打算嗎？

習近平守護靈　如果我們對台灣做了什麼事情，美國就採取軍事行動的話，那麼我們會先挑釁日本。

因為日本曾說「以二〇二六年為目標，製造出高速滑翔導彈，從外太空發射之後，軟趴趴地像滑翔機一樣飛行，用難以攔截的方式飛行，進而能攻擊遼寧航空母艦」。既然說了「二〇二六年」，那麼我們只要在那之前拿下日本就好了。

因「受到外星人和恩格斯攻擊」而不知所措的習近平守護靈

藤　井　這麼說來，你是有所計畫的。但是這一次，就像R・A高爾的預言那樣，現在正是你的計畫遭受挫敗之時。

習近平守護靈　（將《中國新冠肺炎靈查解析》拿在手中）哎呀，這是什麼？這種東西，這個也太那個……。

藤　井　不，我認為這樣一來剛好切中要害，掐住了中國特別脆弱、疼痛的地方。

習近平守護靈　（一邊翻看書籍）你們啊，這是……什麼東西？你們……到底想幹什麼，這種東西能寫成書出版嗎？真是難以置信。

不，我倒是對此書略有耳聞。

不過，什麼，外星……外星人……外星人，他為何必須這麼做啊？這不奇怪嗎？

如果要攻擊的話，直接攻打北京不就好了？不應該是武漢，到底是怎麼回事啊？

藤　井　也就是說，你完全無力招架了……。

習近平守護靈　不，沒想到這個病毒擴散到了全國。

不知道他們到底使用了什麼手段，雖然我們也在努力探求原因。我們已經判定出，病毒是從病毒研究所洩漏的可能性很高，但完全無從得知「到底是誰，在什麼時候，以何種形式洩漏」。一切還沒查清楚，我不知道這個外星人是不是真的存在，如果存在的話，那就有可能是這個傢伙用了什麼特殊的方法吧。

這個病毒所引發的不是「國家之間的戰爭」，而是一場「宇宙戰爭」。如果這一切是真的話，那麼接下來我們就必須開發「針對外星人的武器」。如果外星人真的這麼做了的話，那我們就要制定一個「消滅外星人計畫」了。現在就不是講一帶一路的時候，而是必須建立「地球防衛網」。

藤井　在《中國新冠肺炎靈查解析》中很清楚的一點就是，這次疫情爆發的目的就是為了「封印共產黨病毒」。

習近平守護靈 什麼「共產黨病毒」？說到「共產黨」，今天，恩格斯說「中國已經從共產主義偏離並且正在資本主義化，簡直不像話，病毒的大流行令人拍手叫好」（參照本書第三章），你們才算是基本教義派吧？

市　　川 我倒覺得，經濟大蕭條的來臨，反而讓中國往「平等的貧窮」的共產主義理想靠近。

習近平守護靈 嗯……。關於賺錢的事情不適用於共產主義。從思想的原點來看，要說奇怪的確有奇怪之處。

市　　川 這一點，已經被分割了吧？

習近平守護靈 不，中國實施的是「在賺錢上自由，在政治上平等」的原則。所以說，因為現在中國在經濟上變得自由，這是否符合所謂的共產主義，恐怕只能讓馬克思復活來判斷了。

從恩格斯所說的觀點來看，以中國南部為中心的經濟發展驚人……，已經出現了能與美國的大富豪比拼的人物了。「這在共產主義制度下是不被允許的」、「這是剝削階級，消滅他們才是共產主義」，按照這個思路，確實現狀是違背了共產主義的「宗旨」。總之，現在是腹背受敵。

6 習近平國家主席的守護靈訴說今後野心

以國賓的身份來日本，「讓人們看到天皇皇后向我跪拜」

及　川　今天的主旨是「習近平的辯解」。儘管你已經進行了諸多辯解，但你為何會為了辯解而來，這是另一個我不明白的地方。

習近平守護靈　我呢，我就想讓人們知道「我完全沒錯」，這已經是「天意」了。對吧？你們說說。

「天意」就是由「神」發起的。

所謂「神」，其實就是個「惡魔」。因為不可能有神會分不清

「大小」，選擇「讓大的那一方去受苦」，這做法肯定是惡魔無疑了。你們相信的是「惡魔的信仰」，向全世界傳播的是「惡魔的思想」。

及　　川　原來如此，原來如此。原來你是這麼看的。

習近平守護靈　嗯、嗯。

及　　川　說不定，在中國共產黨的領導高層中，習近平主席的立場，現在已經非常不妙了吧？

習近平守護靈　嗯，經濟成長率跌破七％的時候，大家對我的不信任感就已經顯露出來了，國家主導的住宅蓋得越多，最終淪為無人居住的鬼城也就越多。有一些人說「再這樣下去就危險了」，但我已經讓這些傢伙一個個「消失」了。

我也已經變成終身制。所以，這次和天皇會面，就是想讓天下人知道，想讓世界知道「你們的天皇徒有名無實、沒有實權，而我則像以前的日本天皇那樣握有實權，身兼大將軍和天皇兩個身份。我就是中國的皇帝」。

及　川　「讓天下人皆知」是指「讓中國內部人盡皆知」嗎？

習近平守護靈　對對，這也是必須的。我想讓大家看見日本的天皇皇后向我跪拜的畫面。

及　川　你想藉此來挽回大家對你的信用嗎？

習近平守護靈　嗯，這個日本承認「無視中國，日本就無法成立」的事實，天皇和皇后在我的面前行禮，把這個他人向我低頭的畫面播放出來……。中國會特別重視這個畫面，一定會播放的。

「我想讓日美安保條約徹底決裂」

及　川　從這層意義上來說，這回「以國賓身分來日本」，你是打算硬來囉？

習近平守護靈　嗯。我覺得「三月之前一定要想辦法讓此事有個著落」。哎呀，這也是為了安倍著想啊！我的盛大訪日、舉辦奧運、疫情平息、景氣恢復，中國的遊客在奧運前後大量湧入日本，景氣大好，這是為日本好，也是為了延長安倍政權的壽命，同時也是穩固我終身制的磐石。

及　川　這麼看來，「安倍政權」與「習近平主席」的利害關係完全一致，是這樣嗎？

習近平守護靈　安倍完全夾在川普和我中間，努力保持著平衡。我認為川普覺得

「沒什麼意思」，所以千萬不可以認為「日美安保條約會一直延續」。

日本與中國的經濟關係不即不離，無法切割，已經在同一條船上，要嘛一起沉、要嘛一起浮，咱們已經走到這個階段了……。

然而川普那邊的態度卻是反反覆覆，若是美國對中國進行經濟制裁，一旦中國得了「感冒」，日本勢必也得跟著「流鼻水」。

我的目的就是「讓日美安保條約徹底決裂」，我就是想把局面變成這樣。

畢竟川普捨不得花錢。派遣軍隊要花很多錢，他可不喜歡。所以，日美安保條約就會被切斷。

另外，美國對俄羅斯也有所警戒。為了對付俄羅斯，川普打算把潛水艦、小型導彈、核彈等都用上。這也讓安倍進退兩難，也就是說，如果沒有日美安保條約會被切斷的覺悟，就無法締結日俄和平條約，這個狀況也是迫在眉睫。

總之，對日本來說，只能在被其他國家拉扯之中迂迴輾轉，夾縫求生。這就是「小國的命運」。

女兒習明澤說要藉由AI強化統治

市川　附帶一提，你的女兒習明澤對這次的疫情，在資訊管控等方面給你提出了什麼建議呢？

習近平守護靈　用安倍風格來講的話，她就是「單純的個人」，和公職什麼的都沒關係。我的女兒就是一個「個人」。

市川　難道她沒有提出「爸爸，這樣做比較好」之類的建議？

習近平守護靈　不不不，沒有，沒有的事。

這個嘛，「人呢，很快就死了，還會生病，很不可靠，使用ＡＩ讓電腦工作，既可以發出命令，也可以隨時叫停，ＡＩ什麼都可以做到，還是儘量使用ＡＩ比較好。」她就是稍微跟我說過幾句這樣的話吧！

所以，對武漢市的領導、香港的領導之類，她倒是也這麼說過：「在這些位置上就算放人上去，也沒什麼作為，交給ＡＩ去判斷就夠了。」

市　　川　這是一個「主席你自身也可以被ＡＩ代替」的未來嗎？

習近平守護靈　嗯？我什麼也不知道，我不懂啊！

我女兒認為「如果ＡＩ判斷『將武漢市民集合起來點火處理掉』，就按那樣執行」。

辯解的目的是「要把幸福科學變成惡人」

藤　　井　說到底，在你今日的辯解當中，難道包含著對安倍政權的策略建議？

習近平守護靈　嗯，嗯，也有這種目的。

藤　　井　也就是說，你想拉攏他？

習近平守護靈　嗯。另一方面就是想把幸福科學變成惡人。

藤　　井　啊啊，原來如此。

習近平守護靈　嗯，要把你們變成惡人。就是你們搞的鬼吧？其實就是。

藤　　井　不不不，沒有那種事。

習近平守護靈　就是你們做的好事。其實就是。承認吧！

藤　　井　這是「天意」。

習近平守護靈 哎呀，「外星人」什麼的都是騙人的。你們暗中遙控無人飛機對吧？你們常常有著要登上竹島和尖閣島的想法吧？所以，常常半夜遙控著快艇，要不就是遙控無人飛機，謊稱出現了「外星人」對吧？

守護靈說著「人民不是水，是魚」

藤　井 去年的「愛爾康大靈慶典」※的法話內容想必你已經知道了，大川隆法總裁對習近平主席提出了建議。

習近平守護靈 啊？是嗎？

藤　井 總裁還引用了「貞觀政要」中的話，認為中國應該改變獨裁的局面，希望中國能成為一個民主國家。

習近平守護靈　不，人民為「水」的想法是不對的，人民是「魚」才對，織網捕魚就是我的工作。人民是魚，所以必須想方設法增加魚的數量，但如果都是「賣不出去的魚」的話，那就必須對瘦小的、得病的魚進行「報廢處理」才行，否則魚的價格就會下跌，這也是漁夫的工作。

藤　井　我認為大川隆法總裁之所以傳達這樣的訊息，是因為他希望中國人民獲得幸福，這是他的願望。

習近平守護靈　我覺得日本也是一樣。安倍真正的想法大概和我一樣吧。日本政府支付不出年金，怎麼看都無法支付。所以，日本才想嘗試創建虛擬貨幣

※　去年的「愛爾康大靈慶典」　2019年12月17日於埼玉超級體育館舉辦的「愛爾康大靈慶典」，以「邁向嶄新的繁榮時代」為題舉行了講演。收錄於《邁向嶄新的繁榮時代》。

等，但沒有真金白銀，付不出來就是付不出來，現在的情況就是這樣。

藤　井　這樣的話，不就是從「國家和國民的存在都是為了皇帝」的想法出發嗎？

習近平守護靈　中國平均一個人的收入是日本的五分之一，但幾乎只有南方的土豪們、有能力出國觀光的人能賺錢，一般在工廠工作的薪資，比這個低多了。

你們做的玩偶也是，在中國製造才是主流。中國人每個月有兩萬日元就幫你工作了，你們日本人兩萬日元可請不動吧？所以說，還是在中國製造比較便宜。

這麼下去的話，日本的優衣庫也會破產，沒問題嗎？

習近平主席的訪日中止的話，奧運也會告吹嗎？

藤　井　回顧日中關係，有這麼一段黑歷史。天安門事件發生後，針對中國建立的國際包圍網形成之時，天皇訪問中國，使一切都破了功。難道說，你是打算讓這一切重演一次？你認為在國際社會中日本最弱，或者說最好籠絡嗎？

習近平守護靈　不是啊，總之，日本的經濟不景氣，大家都七嘴八舌的，大家都在想著對安倍說「快想想辦法」。安倍也想快點從「賞櫻會」的問題中掙脫出來，我覺得他是打算巧妙利用疫情以求解脫。他打算先讓大家看到政府全力應對疫情，然後等大家都忘了的時候，巧妙地轉移焦點。之後只要景氣狀況回升就一切沒事。我覺得他現在認為不管什麼方法都好，只要能讓景氣好轉就好。

現在川普去了印度※，在十一萬人到場的會場中，與印度總理莫迪擁抱。在現在這個新冠病毒橫行之際，聚集了十一萬人不妥吧？印度人對病毒的抵抗力實在太強了。等一下，這樣不行。我想勸一下印度，若是自認已變成了文明人，就得趕緊得病去死吧！

及川 剛才你就日本的景氣問題發表了看法，但今後如何讓中國的經濟復甦，才是對習近平主席最重要的課題吧？現在你考慮要使用哪些方式來刺激經濟呢？

習近平守護靈 啊？什麼？中國的什麼？

及川 為了讓中國的經濟復甦，你考慮使用哪些方法呢？

習近平守護靈 嗯……首先，統計數字可以編出來，在制定出對策之前……。統計數字可以編造，在那之前必須想出對策……。

及　川　現在還沒有對策是嗎？

習近平守護靈　啊？所以我說，疫情現在已過高峰……。總之，當能公布「已經過了爆發高峰」時，就是景氣開始恢復之時。只要能夠公布「疫情高峰已過」，但是現在還不行。

及　川　就算中國公布「高峰已過」，你剛才也說過了，國際社會恐怕也不會相信。

習近平守護靈　可是國外媒體會開始前來採訪，不過我們和北朝鮮一樣聰明，壞事是不允許報導的。要是全部都被報導，那還得了。不好的地方儘量不給人看，傷害就不會那麼大。

※ 川普去了印度　2020年2月24日，美國總統川普首次正式訪問印度，在可以容納11萬人的體育館舉行演說。

總之，若是我無法在四月以國賓身分去日本和天皇皇后見面的話，那多半就預示了奧運會將會告吹。你們覺得這樣好嗎？那個叫「R．A高爾」什麼的，我想那是無人飛機，應該跟那「無人飛機先生」說一下「可以做那種傷天害理的事嗎？」

及川 你好像對「R．A高爾」反應特別敏感？

習近平守護靈 我是不會說謊，但在我周遭的傢伙，總有人會想到這一層。

及川 「R．A高爾這個存在，接下來會做什麼」，對此你會感到擔心嗎？

習近平守護靈 ……還有接下來啊？接下來，不是……，接下來就麻煩了。接下來，我想熊貓的棲息地可能會面臨危險。

及川 啊？你說的是什麼意思？

習近平守護靈 你們日本人不是希望熊貓活著嗎？四川省和西藏自治區，這一帶是熊貓的棲息地。如果在這一帶發生危機，日本人一定會感到痛心疾首吧！

及　　川　你是這麼想的啊！

習近平守護靈　如果是我打著R・A高爾的名號，我就會把四川省和西藏自治區的熊貓棲息地……。前一段時間澳洲不是有無尾熊大量死亡嗎？還聽說有可能會就此滅絕。這樣的事也許會發生。

及　　川　我覺得接下來不會只是這樣。

習近平守護靈　嗯，總之，到時候日本若想派消防隊前來滅火，我會允許你們前來幫忙。

習近平主席會成為「共產黨王朝最後的皇帝」嗎？

藤　井　你現在有沒有預感自己會成為「最後的皇帝」？

習近平守護靈　你在說什麼啊！（笑）你應該說「最厲害」，日語裡「最厲害」和「最後」的發音有點像，但是意思差很多啊！

藤　井　我們已經出版好幾本習近平主席的守護靈靈言，一開始你是自稱「世界的皇帝」而來，但現在情勢變得相當詭譎啊！

習近平守護靈　一開始自稱「皇帝」的是秦始皇，但秦始皇的下場不是很妙，只有那個讓我稍有擔心。

藤　井　「共產黨病毒」流行，「共產黨王朝」終結，你就是最後的皇帝了……。

習近平守護靈　與「共產黨病毒」有關係嗎？嗯……。

藤　井　如果想要尋求幫助的話，只能找日本了吧？是這麼回事吧？

習近平守護靈　「尋求幫助的話只有日本」……。不，我還等著日本向中國「五體投地」求饒呢！

藤　井　如果沒有日本的援助，中國可能就真的完了。

習近平守護靈　不，沒那回事。我經歷過下放，過慣窮日子了。泡沫經濟時，富豪有可能會變成窮人，這就是中國本來的樣子啊！沒有什麼特別為難的。

藤　井　就在最近，周恩來總理的靈來到這裡，數次的表示「非常傷腦筋」（參照本書第四章）。

習近平守護靈　為什麼會傷腦筋呢？明明是大獲成功啊！中國五千年歷史，現今正是享受最大繁榮的時刻。

藤　井　但是據說「共產黨政權的壽命是七十年左右」。

習近平守護靈 總之，如果不能在世界歷史上給我「超越了毛澤東」的評價，那麼我就還沒完全遂行我的使命。

藤　井 在中國，人們普遍相信的革命思想是「王朝的更迭乃天命所在」，是這樣嗎？

習近平守護靈 自己去推翻他人的革命，當然是好的革命；自己被推翻的革命，就是不好的革命。那怎麼能夠稱得上革命？那個叫做「叛亂」。

藤　井 「在革命之上有著天意」，對此……。

習近平守護靈 所以說啊！像美國煽動伊朗叛亂，派了很多特工進入伊朗，向民眾煽風點火，只為引發更多叛亂，推倒領導高層。也有特工進到了中國，企圖對中國如法炮製，但是怎麼都無法成功。因為中國九千萬人組成的共產黨牢不可破，無機可乘。

藤　井 你昨夜是來向大川隆法先生尋求幫助的嗎？

習近平守護靈　嗯，大川隆法……。哎呀，你們的組織，還不是像個蒟蒻一樣軟趴趴的組織，完全派不上用場。

大川隆法身為「言論先鋒」四處開槍，稍微在各處說中了一些。

既然是自己發表著言論，那麼改變想法不是很簡單的一件事嗎？

如果大川隆法認為宗教家是他的本業的話，就像國際派的專家那樣時刻提醒自己，自己要進行國際化的發言，大川隆法也應該回到自己國際人的本分，「宗教就是為了救助他人而存在的，拯救中國的十四億人吧」，進而發起全國運動。若是如此，或許在中國會增加許多粉絲，「哎呀，真是個偉大的宗教家，心胸真是寬廣」，得到這樣的評價。

所以說，「各位不要從中國逃走啊！在中國捨身成仁拯救中國人吧」，應該抱持如此心境，幫助他人。

7 現今對日本期待之事

如何看待日本的自衛隊？

藤井 為了「支援香港」，去年九月我們出版了周庭的守護靈靈言※。其中周庭的守護靈所提到「希望日本派遣自衛隊」的說法，被中國的央視抓住不放，還進行了報導。

習近平守護靈 周庭還是個學生，很無知啊！她根本不知道自衛隊什麼也做不了，行不通啊！

藤井 這說明，幸福科學的資訊被非常認真地看待了吧？

習近平守護靈　說出「希望日本派遣自衛隊」這種話，以世界常識來說，就像是一個笑話。就算日本派遣了自衛隊，這基本與端著竹槍打仗無異，起不了什麼作用。

日本的自衛隊，只有「受到攻擊才能進行反擊」。而如今的攻擊，是用導彈鎖定目標，瞄準哪裡打哪裡，命中率百分之百。所以說，只要我方先發制人，就可將對方全部殲滅。所以，就算日本的自衛隊跑到香港這個小島來，也一定會被毫無懸念地全部擊沉，對吧？

這種事（派遣自衛隊）是不可能發生的啦！只要日本的憲法沒改，就做不到。無稽之談。

※ 周庭的守護靈靈言　收錄於《香港革命 - 習近平vs.周庭的守護靈靈言》（幸福科學出版發行）第2章。

藤　井　從官方媒體的反應來看，也許正說明那是最不想被人提及的痛處啊？

習近平守護靈　嗯……。哎呀，安倍把沒用的自衛隊派去了阿曼灣，聲稱是作「研究用」，淨做些無聊的工作。

本來自衛隊對我們就無法構成任何威脅，根本不成問題。你們能不能「承受我們的第一波攻擊」，才是關鍵所在。第一波攻擊基本上就可以讓你們癱瘓，你們所擁有的武力不堪一擊，連反擊之力都無法保存。

在那之前，我要先把你們和美國的關係巧妙地破壞掉，你們等著看好戲吧！「美國越制裁中國，我就會讓日本越來越靠近中國，不得不對中國伸出援手」，這就是我的基本方針。

藤　井　「破壞日美同盟」，具體是指什麼呢？

習近平守護靈　哎呀，就是把日本的景氣，經濟增長……。
你知道嗎？ＡＩ判定出日本的未來會從世界經濟第三名開始一直跌落到第二十幾名。世界第一是中國，第二是印度，第三是美國，日本會跌落到二十幾名。
日本已經是一個芝麻小國了。真遺憾啊！你們不能死那麼快。說不定，對你們來說，感染病毒得了肺炎死掉才更幸福呢！

如何看待安倍首相、小泉環境大臣、二階幹事長

市　川　那些統計數字是過去的事，我認為未來要透過我們自己雙手創造出來。

習近平守護靈　你們講話總是加一個「我認為」，在一句話的最後，「我認

為……」、「我認為未來要透過我們自己的手創造出來」。我呢，是最高權利者，所以未來就像是黏土一樣，想要什麼形狀就有人給我捏一個什麼形狀。我基本上與「全知全能的神」沒有分別。所以，後世應該會將我稱為「神」。從二十世紀到二十一世紀出現的中國之神，其實就是全知全能的神，引導人類前行，就是這麼個計畫。

市川　對了，「你現在對安倍首相的期待」是什麼呢？

習近平守護靈　怎麼說呢……，他對香港和台灣都進行了完美的冷處理。這與世界上的大潮流相反，什麼都裝傻。這種遲鈍的國際觀，其實非常了不起，我希望他今後也能繼續保持。

另外，在亞洲當中，還存在著值得中國拉攏的國家。下一個首相人選裡，有一個叫做小泉進次郎的年輕人。他身為環境大臣曾說過「向越南輸出煤炭※的火力發電是不對的，應該馬上停止」。

這可真是個好的環境大臣。只要把政權交到他手裡，日本就滅亡了。此人應該樹立一個當首相的目標，應該好好努力，我支持他。絕對要用環境問題，幫我把日本給滅掉，這傢伙真是好樣的！

這樣一來，我就會把中國用煤炭發的電，分一些給日本，用海底電纜傳送給你們。等日本變成我們的屬國，到時候，我們就給你們送電喔！

還有，孫正義這個人大規模在戈壁沙漠裡發展

※ 向越南輸出煤炭　環境大臣小泉進次郎，對於關於日本企業參與其中的「向越南輸出煤炭的火力發電所的建設計畫」，最終雖然表示許可的態度，但期間曾發表反對的言論。

「風力發電」和「太陽能發電」，到時也會透過海底電纜給你們送過去。日本用的電全部靠中國或者蒙古那邊支援。就像德國給法國供電的狀態一樣，只要把日本搞到無法再猖狂囂張就可以了。小泉純一郎這個人也還真不錯，一直說著「這麼一來，就能讓日本的核電歸零了」。一個當過日本首相的人，居然會這樣認為。我看日本感染的應該是「癡呆症病毒」，現在這個病毒在日本大流行吧！

及川 原來如此，我了解了（笑）。你剛剛提到了小泉父子和安倍首相，或許日本人對另一個人比較好奇，就是自民黨的幹事長，一個叫做二階的人，你對他的印象如何？

習近平守護靈　啊？那個人還活著嗎？

及　　川　還活著啊！

習近平守護靈　他真的還活著嗎？真的？

及　　川　還很健康。

習近平守護靈　他活著呀！那個人居然還活著啊！他總是在思考一些對中國有利的事，真的讓我以為他已經回到天國變成神、變成佛了啊！所以說，做為回禮，我也把新冠病毒送往和歌山。如果不給和歌山也送一點的話，就有點對不起他，不好意思啊！

《中國新冠肺炎靈查解析》是一本「令人費解的書」？

藤　　井　今天的時間差不多就快要到了。

習近平守護靈 哦，是嗎？

藤　井 今天你是為了「辯解」而來，你已經把想要說的話都說了嗎？

習近平守護靈 你們有聽懂我想要說的嗎？

總之，沒有一件事是因為我的判斷和行動而發生的，全部都是你們的陰謀論或者是意外事故，是這樣的原因引發了疫情，不要過早下結論。等一切自然而然地好轉，希望能夠再延續良好的關係。

你們的宗教，也回到宗教本來的路上，請告訴人們「要報答中國的恩情。一直以來受到了許多來自中國佛教的幫助，現在正是報恩的好機會。人力的援助、物資的援助、資金的援助，用各種援助對中國進行報恩吧」。

這麼一來，恢復生機的中國就會好心地為日本提供電力以及其他方面的保護，我也打算將維持日本生息的機械零件等製品提供給日本，好讓你們的各種工業能夠繼續發展。

你們在害怕「萬一天皇皇后要是感染了新冠肺炎就麻煩了」，對吧？

但這個惡性病毒有潛伏期，誰也無法預料啊！就算我不去日本，他們也可能會被感染。

至於你們，就有點不像話了！（把《中國新冠肺炎靈查解析》拿在手裡）出版了一本令人費解的書，簡直不像話。這個是封面吧？這就是昨晚那傢伙吧？

藤　井　也就是說，你現在最在意的就是這本書囉？

習近平守護靈　不，這部分嘛，太令人費解了，都在講些什麼啊？有必要解說清楚。

藤井　我們一定會讓中國的讀者讀到這本書的……。

習近平守護靈　我認為那根本就不是什麼外星人不外星人的，其實那就是無人飛機。

我想日本正秘密地研發能裝載細菌武器的無人飛機。我還推測如果日本政府使用無人飛機的話，就會對日中邦交產生惡劣影響，所以讓自衛隊暗中地將無人飛機送到幸福科學，而幸福科學的遊擊部隊就操控那無人飛機，散播病毒。

藤井　因為你今天的這一番話，讓許多中國讀者會去閱讀這本靈查新冠肺炎病毒的書，十分感謝你。

習近平守護靈　嗯，這次我也不知道自己到底是賺了還是賠了。

市川　與其說你是來「辯解」，不如說是來「推卸責任」。

習近平守護靈　（指著及川）他是個好人，他非常具有國際觀，中國人也會支持他。

（看著及川）你要不要加入中國籍啊？你辯才無礙，把責任推到別人身上，肯定能做得很好。「原因不在我」、「都是那些傢伙不好」，這些話你都能說得出口。對於討厭的人，你也可以把「討厭」二字說出口吧？

及　川　今天習近平主席的守護靈的辯解，一旦在日本出版，就會有眾多日本人瞭解你的真心話，進而讓日本國民對於邀請你以國賓身份訪日一事表示反對，我覺得效果會很好。謝謝你。

習近平守護靈　哎呀，我剛才來到這裡之前，收到了一個好消息，「今天從政黨（幸福實現黨）過來的及川是個大好人，他會說『大家把手洗乾淨，多買點口罩戴起來』、『要幫助中國人』」，你可真是個好人啊！

及川　你的這個資訊可不太準確啊！

習近平守護靈　不是嗎？你一定會帶殺菌用消毒劑和口罩來中國，對吧？這就是政治運動的本質啊！如此一來，你，還有你們的政黨就得以存續了。

如果你們做了犯罪行為，就要早點承認，坦誠地對大家、世界道歉，「我以後再也不做這種事了，我們和好吧」，只要這麼說就好了。

藤井　今後，新冠病毒會進一步引起全世界的關注。謝謝你今天告訴了我們眾多珍貴的資訊。

市川・及川　非常謝謝你。

8　從這次的靈言可聽出「習近平變得衰弱」

中國的泡沫經濟將面臨崩盤

大川隆法　（擊掌兩次）嗯，確實有些撲朔迷離。

（對聽眾席的幸福科學總裁輔佐　大川紫央）妳覺得怎麼樣？與昨天半夜的靈言相比，意見大有不同嗎？昨晚我有一點「閃神」，不知說的靈言是否具邏輯性，和昨夜所聽到的相比，妳覺得……。

大川紫央　我感覺他今天講的，基本上與昨日相同。

大川隆法　昨夜也說過了嗎？一樣的嗎？

藤　井　他似乎心煩意亂的……。

大川隆法　的確心煩意亂，昨晚也心煩意亂。他的確有些慌亂，昨晚我的感覺是「哎呀，怎麼變得這麼衰弱」。

大川紫央　有種支離破滅的感覺。

大川隆法　支離破滅，的確是如此。我想他應該不知道該怎麼辦吧！

藤　井　從客觀形勢來看，也許是「氣數將近」。

大川隆法　中國終究得透過貿易、旅遊等大量內需，透過內部消費活動來實現經濟的膨脹。除此之外，都是「泡沫經濟」，譬如不動產投資、建設等。興建那些完全沒有需求的建設，試圖膨脹經濟，現在一切就要變成幻影了。嗯，馬腳已經露出來了。

昨晚恩格斯也來了（參照本書第三章），不用再叫他了吧？他那邊也是「內部分裂」了。他批判說「中國的共產主義已不是共產主義」，要說奇怪也還真奇怪。他說「疫情這麼一搞，就能回歸到原本的共產主義」，聽起來他很高興。「共產黨病毒」、「恩格斯病毒」……嗯嗯，真的撲朔迷離。

新冠病毒被認為是少子高齡化的對策之一

大川隆法　病毒也讓中國軍方擔憂。人員集中，有可能發生集體感染。

此外，目前只有中國有著非常多的感染者。我認為這恐怕是為了消滅八十歲以上的老人和身障人士而設計的病毒。

在與外星人的靈言中，無法得到確切的證據和確認。

但是，在今天的靈言當中，他說「中國研究開發出讓八十歲以上的高齡者更容易死的病毒、讓殘障人士更容易死的病毒、讓不具有免疫力的人容易死的病毒。而且，那未必是要對付外國的敵人使用」。我想，這新冠病毒應該是中國對抗少子高齡化的對策之一。

說不定他們本來想要在新疆等地進行實驗。因為是疾病，只要選定一個特定區域實施，外界就不會知道。「好像有新的感染症流行」，外界不會認為人是「被殺害」的。

藤　井　是，我認為那簡直就像是「納粹行為」。

大川隆法　該弄明白的問題都弄明白了嗎？

藤　井　是。

大川隆法　日本政府裡存在保守派、偏右鷹派人士，但現在一部分人變得親中。另一方面，輿論界當中的保守派、鷹派人士則是持反中的論調，因此保守派內部呈現出分裂的狀態。

並且，當出現「人權問題」時，朝日新聞和東京新聞的立場也會出現分歧。我認為，這代表日本在思想方面正處於非常混亂的狀態。

事態逐漸偏離計畫發展的中國

大川隆法 如果他說的內容能有參考價值就好了。雖然無法得出結論，但能夠十分明白「他現在頭腦正陷入一片混亂」。

中國人對靈界之事一無所知。官方的立場不承認靈的存在，死後的世界也不存在，關於外星人，究竟是存在還是不存在，也是處於不置可否的狀態。如果將資訊全部公開的話，中國將面臨崩潰。

因此這樣的靈言，一點一滴累積，也許會變成資訊公開的一部分。

總之，日漸勢弱的這一點可說是相當明顯的。

而且，不知為何，事態的發展逐漸偏離他們計畫的方向，這是毫無疑問的。

「對香港和台灣的威嚇與支配變得艱難，對日本的威脅壓迫，將日本捲入紛爭，欲使日本向中國行附庸國之禮，這個圖謀也漸漸難以實現」，這也是毋庸置疑的了。

現在，日本必須要「Japan first」

大川隆法　今後，比起減少中國發生的病毒，日本必須要考慮的是，當中國經濟急轉直下時，日本該如何生存。

某種商品的零件，如果百分之百委託中國生產，將會變得十分危險。必須把工廠蓋在日本人口減少的地方，或許人工成本稍高，但這會為當地經濟做出貢獻。日本也必須要進行一些「Japan first」（日本優先）的操作。

就像川普總統為了讓煤炭和汽車產業起死回生，日本也應該在人口日漸減少的地方復興產業。我認為非得這樣做不可。

這不是一個讓人感到清爽的靈言。

中國雖然決定延後三月的全國人民代表大會，在現階段如果中國表示「不訪問日本」，那就是認輸的表現。但如果日本說「習近平別來」，恐怕就會被視為對中國的歧視。假如中國先宣佈的話，就是中國「認輸」。情況就是這麼嚴峻。

據說，現在相撲比賽也不能如常舉行了，足球比賽和演唱會也是。事態會如何發展呢？究竟會有多少人受到感染，也是未知數。

「二〇二〇年從危機中出發」所意味之事

大川隆法　此外，現在北京市內的感染率和死亡率都無從得知，因為資訊不透明，我認為真實的情況也許真的十分嚴重。延期全人大，恐怕就是擔心疫情會更加蔓延。

情況究竟如何，不再觀察一陣子是無法知道的。反倒是感覺到中國的「泡沫式發展」、「攻擊性」逐漸減弱了。我想持續追蹤這個話題，待狀況有近一步變化時，我們再加以深究。

此外，還聽說「繼新冠病毒之後※，還有第二波和第三波攻勢」。說出上述這番話的人，在一月三日也說過「中國將出現自然現象，並引發巨大的變化」。我當時還在想究竟會發生什麼呢，結果就如預言一般那樣的發生，或許還會出現其他的事件。

日本也不會完全毫髮無傷，也許有什麼在等著登場。

二〇二〇年的年初開始便危機重重，不可輕視。

只是，這從某種意義上來說，我想就是必須要「從真正的驅魔走向繁榮」、「若非先降魔，則無法實現繁榮」。

我就說到這兒。

藤井　非常感謝您。

※　繼新冠病毒之後　參照《中國新冠肺炎靈查解析》（台灣幸福科學出版發行）。

第二章

習近平守護靈的靈言
——事前靈言

二〇二〇年二月二十六日
收錄於幸福科學特別說法堂

提問者

大川紫央（幸福科學總裁輔佐）

〔頭銜為收錄當時之職稱〕

1　給予中國重擊的新冠病毒

為了「反駁」而前來的習近平守護靈

（編輯注：背景播放的音樂是大川隆法總裁的原創歌曲，天使精舍的搖籃曲「超人也要乖乖睡」。）

大川紫央　請問你是誰？

習近平守護靈　哈啊。（約沉默十秒鐘）哈啊。（約沉默十秒鐘）哈啊！哈啊！

（約沉默五秒鐘）這是什麼音樂啊！

大川紫央　你對這首音樂的哪個部分有反應？

習近平守護靈 什麼？

大川紫央 這首音樂有著法力。

習近平守護靈 什麼東西啊？到底是什麼？

大川紫央 你是何許人也？

習近平守護靈 如果要我「乖乖睡」，那我豈不是就會真的睡著了。

大川紫央 你想睡覺嗎？

習近平守護靈 一睡下去的話，嗯……。

大川紫央 你是誰？

習近平守護靈 嗯，啊啊……。

大川紫央 你是哪位？

習近平守護靈 嗯……。

大川紫央 是不想「乖乖睡」的人嗎？

習近平守護靈　嗯……（約沉默五秒鐘）嗯……。（約沉默五秒鐘）嗯……。

大　川　紫　央　你是來說些什麼的嗎？

習近平守護靈　什麼？

大　川　紫　央　你是來說些什麼的嗎？

習近平守護靈　新冠病毒啊……。

大　川　紫　央　所以呢？

習近平守護靈　真是頭疼啊……。

大　川　紫　央　你跟這件事有什麼關係嗎？

習近平守護靈　不就說很頭疼了嗎？

大　川　紫　央　你是因為身處何種立場，所以讓你頭疼呢？

習近平守護靈　你們不是應該要負責嗎？

大　川　紫　央　不，責任在你吧？

習近平守護靈 新冠病毒真是麻煩啊……。

大川紫央 你是誰？是安倍嗎？到底是誰？

習近平守護靈 哈啊啊……（嘆氣）。我已經到了晚上都睡不著的地步了。

大川紫央 我沒多少時間跟你耗……。

習近平守護靈 我沒法「乖乖睡」啊！

大川紫央 你到底是誰？是安倍首相嗎？

習近平守護靈 嗯……。

大川紫央 是菅官房長官嗎？

習近平守護靈 嗯……。

大川紫央 是厚生勞動大臣嗎？

習近平守護靈 嗯……。

大川紫央 誰啊？你不知道自己的名字嗎？

習近平守護靈 （約沉默五秒鐘）「最感到頭疼的人」是……。

大川紫央 習近平主席嗎？

習近平守護靈 嗯，嗯……。事情不能演變成那樣啊！

大川紫央 你特地從中國來這裡嗎？

習近平守護靈 是說，讓我正式出一本書來反駁一下吧！

大川紫央 不，夠了。因為你是「共產黨病毒」。

習近平守護靈 妳怎麼可以這樣說話啊！

大川紫央 不，可惡的是中國共產黨。

習近平守護靈 共產黨成立於一九四九年。

大川紫央 如果是這樣的話，那就不能說有「五千年歷史」了。

習近平守護靈 真的很傷腦筋啊！現在被逼到進退兩難啊！

大川紫央 因為那是讓你感到「頭疼」的新冠病毒。

習近平守護靈　沒必要這樣刁難人吧！就不能好好相處嗎？

大川紫央　我也想跟你好好相處，但要是中國沒有發生新冠病毒疫情的話，你也不會和海外各國好好相處，你的內心不是打算要支配他們嗎？

史無前例的全國人大延期，進退兩難

習近平守護靈　全國人大延期了，這種情況真是前所未聞啊！全國人大竟然因為新冠病毒而延期，真是前所未聞。

大川紫央　即使召開了全國人大議論，但議論的內容盡是一些不知正確於否的東西。

習近平守護靈　比起那個，大家都害怕病毒，都不敢來了。

大川紫央　北京狀況如何？

習近平守護靈　不，絕對不能讓外界知道北京的狀況。

大川紫央　還是改變一下這種控管資訊的體制吧！

習近平守護靈　至少已經公布全中國有八萬人確診了。

明明是要以國賓的身份前往日本，不過卻讓全國人大延期了，真是進退兩難，真是……。

大川紫央　當人生病的時候，不是應該去反省一下自己過去的言行嗎？

習近平守護靈　我可沒做什麼壞事。

大川紫央　雖然不能夠笑你，但你現在感覺有點虛弱啊（笑）！

習近平守護靈　我又沒做什麼壞事。如此巨大的中國，就這麼完全被隔離了。

大川紫央　如果中國沒被隔離封鎖的話，你打算在二月、三月做什麼呢？

習近平守護靈　大家都討厭中國。

大川紫央　你打算做什麼呢？

習近平守護靈　那當然是要鎮壓香港和台灣。

大川紫央　打算怎麼鎮壓呢？

習近平守護靈　就是進行某種程度的威脅，反正就是威嚇「把國家都給我」之類的。

大川紫央　明明本來是要逮捕戴口罩的香港人，現在反而讓每個人都不得不戴上口罩了。

習近平守護靈　現在沒有口罩的確很頭痛，韓國也是因為沒有口罩而正感到頭大……。

大川紫央　對於「得保護國民生命」，你不是得多一點自覺嗎？

習近平守護靈　我有叫人幫我特製比較好的口罩。

大川紫央　你還是多思考一下人權的意義吧！

習近平守護靈　既然全國人大開不了，就只能全部交由常務委員會決定。

大川紫央　不過，全國人大是在做什麼的？

習近平守護靈　這個嘛，將各地方的代表全都聚集在這裡。

大川紫央　不過，全都是在講些假訊息吧！壞消息全都被封鎖了吧？

習近平守護靈　這個嘛，中國可是民主主義國家啊！

大川紫央　哪裡是什麼民主主義啊！在全國人大上，打的都是對其他國家的算盤吧？

習近平守護靈　日本的安倍首相也很頭大吧！被外界指責「對中國太好了」。

2 為什麼會出現新冠病毒？

中國的「殺戮」意念，讓病毒變得惡靈化

大川紫央 你為什麼來這裡？

習近平守護靈 還問為什麼來這裡……。你們對那個新冠病毒……，都說了些什麼啊！

大川紫央 你是說那個「共產黨病毒」？

習近平守護靈 不，你們說了「新冠病毒是我們幹的」，不是嗎？

大川紫央 我們可沒那麼說喔！

習近平守護靈　沒有說「是我們幹的」嗎？

大　川　紫　央　我沒有那麼說。中國對於香港、台灣，還有維吾爾的「殺戮」意念，讓一般的病毒變得惡靈化，變成了惡性病毒，對人體造成惡劣影響。所以，那可以說是「反撲到你們自己的身上去了」。

習近平守護靈　像我這樣，擁有如此「澄澈之心」的領導人……。

大　川　紫　央　或者，武漢研究生化武器的時候，從自己的地方外洩了出來，不是嗎。

習近平守護靈　嗯……。那肉眼看不見，所以不知道。

大　川　紫　央　現在不正是讓你們自己體驗一下，自己到底做了多麼可怕的東西出來？

習近平守護靈　這個嘛，好像現在真的變成是這樣。那病毒是為了那目的而研發，但這還不是最惡性的。不過，這哪能公布真相啊？

大川紫央　真相是什麼？

習近平守護靈　咦？那是「自然出現」的。

大川紫央　真相是？

習近平守護靈　不就是在生鮮市場出現的嗎？

大川紫央　一定不是在市場裡出現的吧！

習近平守護靈　反正誰也不知道，因為根本就看不見。

大川紫央　如果這樣，那就相信眼所不見之物吧！

推測「從宇宙被扔下病毒炸彈」的習近平守護靈

習近平守護靈　這個嘛，那是你們宇宙帶來的東西嗎？

大川紫央　沒那回事，習近平相信外星人的存在嗎？

習近平守護靈　咦？那不是從宇宙扔下的病毒炸彈嗎？

大　川　紫　央　日本不可能有那樣的武器吧？軍事力量落後這麼多。

習近平守護靈　不，即便日本沒有這種武器，但宇宙或許有，不是嗎？

大　川　紫　央　怎麼可能有？

習近平守護靈　嗯。

大　川　紫　央　日本的大學也無法從事軍事研究。

習近平守護靈　北韓可是有著某些生化武器。

大　川　紫　央　北韓現在也正拚命地防衛病毒啊！

習近平守護靈　那是因為病毒已在韓國蔓延開來了，嗯……。

這下中國要被眾人厭惡了，這可不妙啊！

大　川　紫　央　習近平不是該思考現在的體制，稍微改變一下統治方式嗎？

習近平守護靈　我們已經有八萬人染疫了，夠了吧！要是有什麼東西可以控制的話，你們也差不多該收手了。

大川紫央　不，所謂的「可以控制」，在幸福科學當中指的是透過信仰心即能得到光明，藉由和神佛連結在一起※，即能擊退新冠病毒」。

習近平守護靈　妳不要再講那一些文謅謅的話了。

大川紫央　不，中國的氣功不也是這樣嗎？

習近平守護靈　快點幫我想辦法解決吧！不是說已經有疫苗了嗎？

大川紫央　不、不。

習近平守護靈　如果有疫苗的話，快點拿出來啊！

大川紫央　沒有疫苗啊（苦笑）！

習近平守護靈　其實你們有疫苗吧？

打算如何使用研發的病毒？

大川紫央　如果在武漢有研究生化武器的話，就得同時研製疫苗啊！

習近平守護靈　不，這跟那無關。

大川紫央　如果製作病毒的人，自己感染上了怎麼辦？

習近平守護靈　哪有時間製作疫苗！目前正在全心投入開發各種生化武器。

大川紫央　開發生化武器，這本身就是惡事啊！你憑什麼有殺人的權利？

習近平守護靈　那是因為宣稱要「民族獨立」的人正在作惡，得想辦法對付那些傢伙吧！

※　和神佛連結在一起　參照法話「提高免疫力之法」、「如何具備法力」（開示於幸福科學支部、據點、精舍）。此外，在幸福科學支部、精舍，也開示著「源自中國之新冠病毒感染擊退祈願」。

大川紫央　你不也是中國的民族嗎？

習近平守護靈　這個嘛，中國有著各種不同的民族，很多地方會興起「暴動」。其實，我原本就是想要「把香港人的口罩拔下來」，然後再擴散病毒。

大川紫央　你看看你，說了多麼糟糕的話。

習近平守護靈　他們都戴上口罩，臉都被遮起來了，假如在此時散播病毒的話，就真的……。

大川紫央　一旦散播病毒出去，這樣大家反而就更是會戴上口罩，不是嗎？

習近平守護靈　啊，對！我多此一舉啊！不過，至少無法再進行示威活動了，不是嗎？

大川紫央　不過，現在的問題不在於示威活動，而是中國所面臨的棘手問題吧！

習近平守護靈　沒想到就連醫生也都病倒了。

大 川 紫 央　對於這種情形，中國不是都會說這是「天帝的意志」，是「天意」在發揮作用了。

習近平守護靈　哈啊……（嘆氣）。

大 川 紫 央　這是在提醒你「中國該做的，不是老覬覦著海外，而是必須把焦點放在自己國家內部」。

習近平守護靈　光是武漢就有一千一百萬人口，這樣下去，幾乎就跟把整個東京封鎖起來是一樣的意思。這下可糟了，哈啊……（嘆氣）。

3 現在，習近平守護靈所畏懼之事

「繼續下去的話，習近平、安倍晉三、文在寅將嚴重受創」

大川紫央 說得差不多了吧？

習近平守護靈 我可真是頭大了。

大川紫央 那麼請閱讀《中國新冠肺炎靈查解析》這本書，這裡頭有詳細記載。

習近平守護靈 我是聽到風聲，聽說你們聲稱「可以控制」。

大川紫央 我們能控制的是，「不會感染到新冠病毒」這件事而已。

習近平守護靈 不，我不太明白那個意思。

大　川　紫　央 你的問題就在於「你不明白這是什麼意思」。

習近平守護靈 聽說有個自稱是外星人的人，在進行某些調查。所謂的外星人，不就是你們把病毒裝進無人飛機，然後從天上撒下病毒嗎？

大　川　紫　央 不只是幸福科學，日本的科學技術還沒進步到那種程度。

習近平守護靈 安倍政權也會跟著垮台啊！馬上就要垮台了。除了提高消費稅，造成經濟不景氣，接著又被新冠病毒襲擊，外國觀光客都不來了，再繼續這樣下去，東京奧運就將變成風中殘燭。

大　川　紫　央 不過，這也是沒辦法的事。日本終究得提升日本國內的經濟景氣。

習近平守護靈 這個嘛……。

大川紫央　若是光仰賴中國觀光客，往後只會更加危險。

習近平守護靈　繼續這樣下去，習近平、安倍晉三還有文在寅，這三個人將嚴重受創。

大川紫央　這還不知道啊！如果外界認為這是我們這麼說的，那還真是困擾。那應該是你的意見吧？

習近平守護靈　不，那是你們搞的鬼吧？

大川紫央　不不，那是習近平的意見吧！

對「被稱為國賓，卻在皇居遭逮捕」感到畏懼

習近平守護靈　我不清楚宇宙是否有外星人。不過，你們說「那是從天上來」的，所以說無人飛機攻擊是最適合的攻擊方式。

大川紫央　你既然是那麼唯物論信仰，應該相信有病毒的存在吧？

習近平守護靈　當然是有病毒。

大川紫央　所以啊！就是有那樣的病毒。

習近平守護靈　安倍不是派自衛隊去阿曼灣了嗎？但其實只要趁月黑風高的時候，從沖繩附近的船隻放出無人飛機，撒出細菌、病毒，不就得了嗎？

大川紫央　如果日本能有那般強硬態度的話，或許就不會邀習近平做為國賓了吧？

習近平守護靈　不不，你們還寫了更可怕的事……。像是「我被奉為國賓※，卻在皇居遭到逮捕」的東西。

大川紫央　不過，要是繼續這樣下去的話，習近平會殺死比希

※ 奉為國賓　參照《邁向嶄新的繁榮時代》（幸福科學出版發行）。

特勒更多的人。這樣可以嗎？

習近平守護靈 妳啊，從世界的輿論來看，那種事情是不可能的。

大川紫央 維吾爾族的人們，都充滿著恐懼之心。

習近平守護靈 維吾爾人死後墮入地獄，就會變成惡靈吧！

大川紫央 或許就是因為出於對習近平的恐懼之心，進而無法順利返回天國。

習近平守護靈 伊斯蘭教本身就是「惡魔的教義」，所有人都無法返回天國。

大川紫央 那麼，佛教呢？

習近平守護靈 佛教啊，不是挺好的嗎？

大川紫央 啊，是這樣啊？

習近平守護靈 以前的佛教非常好。嗯。

大川紫央 那麼，你相信佛陀嗎？

習近平守護靈　「中國化的佛教」非常好。

大　川　紫　央　所謂「中國化的佛教」，指的是什麼？

習近平守護靈　中國人在中國「改造」的佛教非常好。

印度嘛，川普去的時候還聚集了十一萬人，大受歡迎啊，根本沒將新冠病毒當一回事。

大　川　紫　央　印度和美國的關係變好，是好事一件。

「我都向你低頭了，所以也該收手了吧」

習近平守護靈　不，總之想點辦法吧！

大　川　紫　央　不過，習近平不是世界皇帝嗎？

習近平守護靈　不，聽說你們「可以控制新冠病毒」。

大川紫央 咦？共產黨的極權主義體制不是很強嗎？

習近平守護靈 極權主義會讓所有人都受到感染，所以才棘手啊！

大川紫央 你們不是都說，極權主義體制是「最好的體制」嗎？

習近平守護靈 不，這麼一來，每一個人的身上都必須平等地帶有新冠病毒。那可不行啊！

大川紫央 那麼，是否該重新思考一下極權主義體制呢？

習近平守護靈 不，目前是讓老年人和身心障礙者先死，這沒什麼問題吧！不可以讓經濟惡化下去。就連汽車製造廠也無法運作了，對吧？日本的汽車公司也因為零組件進不來，而相繼停業。再這樣下去，整個日本就要陷入大蕭條了。

大川紫央 日本人也該重新檢視「自己的存在方式」了。

習近平守護靈 要是妳生氣了，把病毒再傳播出去的話，嗯……我都已經向妳低

大川紫央　頭了，你們也該收手了吧！

不，這不是我們散播的。是你們自己的邪惡念頭，在整個中國境內蔓延開來的惡果啊！

習近平守護靈　光是這八萬人就已經很棘手了，之後可能會達到一百萬人甚至三百萬人，再繼續擴散下去就更簡單了。

大川紫央　終究不是應該檢視一下「治理中國的方式」嗎？在發生這種情況的時候，如果還是在「箝制資訊」的話，那就遲遲無法建立對策了。

習近平守護靈　不要那麼想，這只是和病毒在進行抗戰而已。這個嘛，剛開始的時候，的確是晚了一、兩個月。

大川紫央　如果只是和病毒在進行對抗的話，就應該知道「這個世界並非僅是靠科學萬能的唯物論所形成」，改變一下你那傲慢的心態吧！

習近平守護靈　世界上尚有眾多人類未知之事。不，中國的公共衛生狀態沒有那麼好，所以沒什麼人要去進行消毒。

大川紫央　包括人類在內，並非是偶然出現，這個世界也並非是偶然地在運作。

習近平守護靈　衛生紙什麼的都變成了奢侈品啊！嗯。這下可真是傷腦筋啊……。

大川紫央　那麼，現在這裡除了習近平的守護靈之外，還有其他人在嗎？就你一個人嗎？

大川隆法　因為「超人也會乖乖睡」才來的嗎？嗯……。

大川紫央　（笑）「超人也會乖乖睡」。

大川隆法　真沒出息啊！沒出息。

大川紫央　果然，習近平睡不著覺吧！

大川隆法　他說「哪睡得著」。

所謂「靈言現象」，是指另一個世界的靈魂存在，降下言語的現象。這是發生在高度開悟者身上的特有現象，並有別於「靈媒現象」（即人陷入恍惚狀態、失去了意識，由靈魂單方面說話的現象）。當降下外國人靈魂或外星人的靈言時，發起靈言現象之人亦可從語言中樞選擇需要的語言，因而可用日語來講述。

然而，「靈言」終究只是靈人本身的意見，其內容有時會與幸福科學集團的見解相矛盾，特此注記。

第三章

恩格斯的靈言

二〇二〇年二月二十六日
收錄於幸福科學特別說法堂

弗里德里希・恩格斯（Friedrich Engels）（一八二〇～一八九五年）

德國經濟學家、哲學家、社會主義者。與馬克思一起創始馬克思主義而知名。一八四四年，與馬克思意氣相投，四八年共同執筆《共產黨宣言》。同年三月革命失敗後，在曼徹斯特創業，並向馬克思提供經濟援助。馬克思死後，幫馬克思整理遺稿，並發行《資本論》第二、三卷。著作有《社會主義從空想到科學的發展》、《家庭、私有制和國家的起源》等。

提問者

大川紫央（幸福科學總裁輔佐）

〔頭銜為收錄當時之職稱〕

1 將新冠病毒視為「天譴」的恩格斯靈

「世界即將發生大蕭條」

大川隆法　還有誰在嗎？

（約沉默十五秒鐘）

恩格斯　嗯……。嗯，我是恩格斯。

大川紫央　咦？恩格斯？

恩格斯　嗯。

大川紫央　「馬克思和恩格斯」的恩格斯嗎？

恩格斯　嗯。

大川紫央　是和皮凱提有聯繫的人嗎？

恩格斯　嗯，嗯，應該算是。嗯。

這樣下去，不久之後全世界將發生「大蕭條」。「因資本主義的成功」，也即將結束了。

中國現在進入邪道了，明明是共產主義，沒事還模仿什麼資本主義。以共產主義之名，行資本主義之實，就這樣「遭到了天譴」，必須要回到原來的共產主義才行。

大川紫央　（苦笑）。

恩格斯　世界會因為大蕭條，而使資本主義崩潰，之後共產主義隨之成立。

大川紫央　你相信「天譴」嗎？

恩格斯　資本主義是「惡魔的教義」，必須得遭天譴才行。

大川紫央 你說「遭天譴」，不會有些矛盾嗎？你支持共產主義，卻相信有「天譴」的存在？

恩 格 斯 因為共產主義是「神的教義」。

大川紫央 你指的「神」是誰？

恩 格 斯 是「共產主義」啊！

大川紫央 有名為「共產主義」的神嗎？

恩 格 斯 共產主義本身就是神啊！

大川紫央 意識形態是神嗎？

恩 格 斯 若是硬要說的話，馬克思就是神，「主神・馬克思」。

大川紫央 那麼，現在是馬克思在降下天譴嗎？

恩 格 斯 嗯，終究中國修正的社會主義是錯誤的，嗯。

大川紫央 如果是馬克思讓新冠病毒蔓延，那麼馬克思不就是惡人了嗎？

恩格斯 不，馬克思不是科學家，沒辦法那麼做。

大川紫央 不過，那是天譴吧？

恩格斯 嗯，那或許是他的想法。

大川紫央 他認為「中國未實行純粹的共產主義」？

恩格斯 嗯，馬克思正是現今中國的「耶和華之神」。

大川紫央 不過，在過去靈言當中的馬克思，像是一位「普通的大叔」。

恩格斯 嗯，不用去在意。總之，所謂的神，只要有個形式就好。總之，就是「馬克思」。假如馬克思不是神的話，那就是毛澤東。

大川紫央 你是看到了現今世界，才做出那樣的解釋吧！

恩格斯 嗯，不久之後，期盼已久的大蕭條就要開始了。

所謂共產主義即是「平等地變貧窮」

大川紫央　為什麼要期盼大蕭條？

恩 格 斯　因為資本主義就會毀滅。

大川紫央　不過，現在卻是從非資本主義的共產主義國家，爆發了新冠病毒的感染喔！

恩 格 斯　那是因為他們打算資本主義化，進而引發的失敗。

大川紫央　不不，上海、香港、澳門，這些地方都是資本主義。

恩 格 斯　所以我才說那會失敗啊！

大川紫央　不過，源頭不在那裡，不是嗎？

恩 格 斯　不久後所有的經濟脈動就要全部停止了。那些貿易功能……。嗯，那些富人階級就要逐漸凋零了。

大川紫央　不過，因為中國是個「資訊控管型」的國家，所以對於新冠病毒的對策，太晚公布資訊了。就連最先發出警示的吹哨醫師也受到處罰，之後還因為感染而身故。現今人們呼喊著「言論自由」，對此你怎麼看？

恩格斯　共產主義主張「唯有共產主義才是真理」，其餘都不是真理。

大川紫央　所謂的「共產主義」是什麼？

恩格斯　不是說了，就是「平等」啊！「平等地變貧窮」，大家都要一樣窮。

大川紫央　不過，皮凱提在賣了很多書之後，不是得到版稅了嗎？

恩格斯　不、不，那是「心地純潔之人」，所以沒關係。

大川紫央　那麼，他會平等地分配嗎？

恩格斯　共產主義主張「要把富人口袋裡的錢，分給窮人」，這是件好事啊！

大川紫央　不過，拿到了版稅，你為那本書花了勞力和時間，對吧？

恩格斯　拿了版稅，我就還會再寫新書。

大川紫央　你會把你的收入平等地分配給眾人嗎？

恩格斯　不，我沒有多少收入。不管是中國或美國，都有一大堆有錢人，這些人的錢才應該要平等分配。

大川紫央　真正的神，應該會希望出現眾多「具有騎士精神的富人」吧！

恩格斯　我怎麼會知道啊！

大川紫央　你現在做為皮凱提轉生……。

恩格斯　總而言之，必須把富人全都毀滅。

大川紫央　恩格斯你……。

恩格斯　就連習近平都有百來億的錢了。

大川紫央　也就是說，現在已不是純粹的共產主義了。

恩格斯　那是錯誤的。

大川紫央 所以天譴就降下來了？

恩格斯 嗯，那是當然的啊！他們果然在背地裡偷偷地撈錢，得讓他們變得窮一點才行。

「大蕭條即將到來，這真是讓我愉快地不得了」

恩格斯 大蕭條即將到來，這真是讓我愉快地不得了。哈哈哈哈哈（笑）。

大川紫央 為什麼？若是發生大蕭條，也會波及到你的身上吧？

恩格斯 我不會感到困擾啊（笑）！

大川紫央 是這樣啊？看到別人不幸，就真的那麼快樂嗎？

恩格斯 嗯。努力賺錢而成功的傢伙是不好的。必須將他們吊起來，奪走錢財撒出去，這才重要。

現在可正朝這個方向進展著啊！嗯。

大川紫央　那麼，你也希望習近平被吊起來嗎？

恩格斯　不、不，我只希望能好好回到「正確的共產主義」。

大川紫央　那麼，你移居中國不就好了嗎？

恩格斯　不，法國就很好了……。

大川紫央　嗯，也對。或許那裡更接近共產主義。

恩格斯　嗯，左翼勢力很強。

大川紫央　原來如此。

恩格斯　幾乎沒有人在工作了。

大川紫央　那麼，你想說的就這些嗎？

恩格斯　嗯，病毒會讓世界經濟陷入大蕭條，讓共產主義再次復活。

大川紫央　你為什麼來這裡？

恩格斯 雖然不太明白是為什麼，但因為有某些關係，我也沒辦法。

大川紫央 來到這裡的每個人，都會在神的面前發表自己的意見。

恩格斯 嗯……。

總之，我們，也就是馬克思還有恩格斯曾預想過「資本主義會崩潰」，就連熊彼特※也曾說過「創業家創新之後雖能獲得一時的成功，但最後還是會出現大蕭條進而崩潰」。

大川紫央 不過，思索經濟活動的邏輯，最後資本主義還是會存活下來。否則，經濟活動就無法成立。無論怎麼想，共產主義的思想還是和經濟活動的法則互相矛盾。

恩格斯 所謂的「資本主義」，總之就是「保護資本家的主義」，那和神心是背道而馳的。嗯。

大川紫央 那麼，你要說的話都說完了嗎？

恩格斯　是。

大川紫央　再見。

恩格斯　好。

※ 熊彼特（1883～1950年）　奧地利經濟學家。建立了所謂「創業家不斷的創新，是經濟發展的原動力」的經濟理論。歷經奧地利共和國財政部部長、銀行行長後，就任哈佛大學教授。參照《未來創造經濟學》（幸福科學出版發行）。

2 對於新冠病毒疫情，有「想快點結束的人」和「竊喜的人」

大川隆法　「超人也會乖乖睡」這首曲子，讓習近平守護靈和恩格斯都來了，真是厲害。

大川紫央　真厲害。

大川隆法　太厲害了。

大川紫央　那麼，可以結束了嗎？

大川隆法　沒有其他人了嗎？

大川紫央　之所以會感到一股「沉重」感，應該就是出自於這個原因吧？

大川隆法　哈啊啊（嘆氣）。雖然各界期盼新冠病毒疫情能夠早點結束，沒想到

「有人想快點結束」，「有人卻竊喜」……。

大川紫央　從某種意義來說，恩格斯是個可怕的人啊！

大川隆法　就像蘇聯那樣，拿著鐮刀砍人一樣。

大川紫央　雖然他是想讓人類平等，卻沒想到他會因為別人的不幸而感到快樂。

差不多可以結束了吧？快要凌晨一點了。

大川隆法　好，就這樣吧！

第四章

周恩來的靈言

二〇二〇年二月十一日
收錄於幸福科學特別說法堂

周恩來（一八九八～一九七六年）

中華人民共和國的政治家。出生於江蘇省。青年時期曾到日本和法國留學，回國後加入中國共產黨。於一九四九年中華人民共和國誕生的同時就任總理，自此以後直至逝世，在其任內從未下台，故被稱為「不倒翁」。在文化大革命期間雖支持毛澤東，但也努力平息紛亂。

提問者

神武櫻子（幸福科學常務理事 兼 宗務本部第一秘書局長）

大川紫央（幸福科學總裁輔佐）

高橋志織（幸福科學宗務本部第一秘書局 兼 教材開發室）

〔頭銜為收錄當時之職稱〕

1 建立中國的總理之苦惱

痛苦說著「中了圈套，好後悔」的靈人

（編輯注：背景音樂播放的是，大川隆法總裁原創歌曲「The Real Exorcist」〔英語版〕）

周恩來　哈啊啊啊啊啊啊啊啊。

神武　有誰在嗎？

周恩來　哈啊（嘆了一口氣）。

神武　你好。……你好。

周恩來 啊啊，啊啊。啊啊。啊啊。

大川紫央 你好。

神　武 你好。

周恩來 啊，啊啊。

大川紫央．神武 你是中國人嗎？

周恩來 哈。

大川紫央 你是日本人嗎？

周恩來 哈啊。

神　武 愁眉苦臉的，看起來似乎很難受。

周恩來 哈啊！

神　武 很痛苦嗎？

周恩來 嗯。

神　武　為何而痛苦呢？

周恩來　嗯啊！嗯，嘛……。真的。嗯啊！啊……。嗯啊。

很不甘心啊！

神　武　不甘心？不甘心什麼呢？

周恩來　啊啊。嗯。嗯，中了圈套……。

大川紫央　中了圈套嗎？

周恩來　嗯。

大川紫央　什麼圈套？

周恩來　中了圈套，好後悔。

高　橋　新冠病毒嗎？

神　武　圈套？

周恩來　嗯。該死，我要報仇。嗯。

大川紫央 報仇什麼？

周恩來 嗯？現在不是大家都試圖要讓全世界「討厭中國」嗎？

靈人的真面目是曾收錄其靈言的周恩來

神　武 你是中國人嗎？

周恩來 喔喔？啊啊。今天（二〇二〇年二月十一日）是日本的「亡國記念日」。

大川紫央 今天是建國記念日。

周恩來 那是謊話。

大川紫央 明明將建國紀念日訂為國定假日，但神武天皇卻早已被日本遺忘了。

周恩來 所以才說是「亡國記念日」。

大川紫央　或許吧。

神　　武　日本的歷史遠比中華人民共和國長啊！

周恩來　說謊！

神　　武　日本的歷史遠比中華人民共和國長呢！

周恩來　謊言！謊言！

大川紫央　你是習近平的守護靈嗎？

周恩來　（笑）。

高　　橋　他笑了。

大川紫央　你是習近平嗎？

周恩來　（咳嗽不止）。

神　　武　是毛澤東嗎？還是習近平的守護靈？哪一個。

周恩來　啊啊。啊啊。哈啊。

神　武　你是習近平的守護靈嗎？

周恩來　嗯。啊啊、不是，啊，周恩來。

提問者一同　周恩來！

大川紫央　為什麼又來了？

神　武　上次不是已經說過靈言了嗎？還是兩次呢？

周恩來　嗯。

神武．高橋　說了一次※。

周恩來說「實際上建立國家的人是我」

周恩來　嗯，嗯。真是困擾啊！

神　武　困擾？在靈界也會困擾嗎？不是已經離開人世了嗎？

周恩來　真困擾啊！好不容易建立的國家啊！

大川紫央　為什麼周恩來……。

周恩來　因為「是我建立的」。

大川紫央　你是說現在的中國？

周恩來　嗯。

神　武　你最近都做了什麼工作呢？

周恩來　國家的建設。

神　武　建設國家，離開人世，之後又做了什麼呢？

周恩來　中國是我建立的啊！

神　武　還在建設中嗎？

周恩來　嗯。

大川紫央　最終的目標是要打造成什麼樣的國家呢？

※　說了一次　收錄於2012年12月2日的靈言《周恩來的預言》（幸福科學出版發行）。

周恩來　嗯？

大川紫央　是以建立何種國家為目標呢？

周恩來　我要建立「大秦帝國」。

神　武　與秦始皇有什麼關係呢？

周恩來　我和秦始皇沒有直接的關係。

大川紫央　你不是指清朝吧？

周恩來　嗯？

大川紫央　不是清朝，是大秦帝國吧？

周恩來　嗯。因為秦是「China」的語源。

神　武　原來是「China」的秦。

大川紫央　不過，你應該沒怎麼見過秦始皇吧？

周恩來　嗯。我沒和秦始皇直接……。

神 武 沒有直接見面。

周恩來 我原本打算要超越……。嗯，雖然毛澤東是領袖人物，但實際上建立國家的是我。

大川紫央 一九四九年中華人民共和國成立時的政府主席是毛澤東，內閣是周恩來內閣。

周恩來 沒錯。也因為實際事務是由我來處理，所以才有這個國家，如果只有毛澤東，就會一直處在戰爭狀態。身為周恩來，我現在擔心的是這個國家危在旦夕。嗯、嗯。好不容易才建立起來的。嗯。

「習近平不願意聽，所以和李克強談」

神 武 那麼，有對習近平提出什麼樣的建議嗎？

周恩來 習近平不願意聽，所以我都和李克強談。

神　武 李克強總理？

周恩來 嗯。無論是什麼時代，上頭的人頭腦都不靈光，反倒是下面的人聽明。

大川紫央 習近平對你的事，有什麼特別的想法嗎？

周恩來 他聽不進別人的話……。所以我才和李克強談論……。李克強現在是站在因應新冠病毒對策的第一線，甚至還去了武漢。

大川紫央 雅虎新聞有寫著「自從發生新冠肺炎以來，李克強為何比習近平更引人注目？」

周恩來 那是因為習近平不想被傳染，他應該正想著「李克強死了也沒關係」吧！

大川紫央 你對李克強說了什麼？

周恩來 我要他突破重圍，這可是重大危機。

神　武 據說現今在北京如果沒戴口罩就有可能被逮捕。

大川紫央 什麼？又是搞逮捕嗎？

周恩來 哎呀……。

神　武 另一方面，不久之前香港才通過了「禁蒙面法」……。

周恩來 嗯。不管是監獄或醫院，都怕被傳染啊！

大川紫央 是，對啊！

周恩來 真想用火焰噴射器燒死病毒啊！

這次的病毒事件，最感到棘手的是什麼？

神　武 這次的病毒事件，最令你感到棘手的是什麼？

周恩來 嗯。就是受到世界的憐憫。

神　武 被世界同情？

大川紫央 你為這個感到困擾嗎？

周恩來 嗯，中國人的發病率和致死率很高。中國為了解放世界的目標制定了計畫，沒想到卻出現被世界封鎖的情況。這實在很不妙，得做些什麼才行。

大川紫央 你會做什麼事呢？

周恩來 嗯。真的不妙。或許擴散到全世界反而更好啊！

大川紫央 為什麼？

神　武 即便蔓延開來，或許也不會改變中國人高致死率的情形。

周恩來 哎呀，那可不知道。說不定還有別的地方會死更多人啊！安倍真是不像話。應該讓遊輪上的三千七百人全都下船，這麼一來，疫情就會更加蔓延。

大川紫央　不過，以此為契機，WHO已經允許非會員國的台灣參加專家會議了。從我們的立場來看，這是件好事。

周恩來　嗯。在我們看來，真是搞不懂啊！好不容易展開的「孤立台灣政策」！中國就這麼被世界隔離，真的很不妙。我們最討厭「分裂主義者」。不過，極權主義有時也會致使病毒蔓延，真的很難搞啊！

周恩來實際感受到的感染人數

神武　資訊不公開，導致疫情的蔓延。

周恩來　嗯。是這樣啊！現在公布的是「四萬人感染」，不過這是兩週前的數字，實際上……。因為是那種國家啊，所以沒公布出實際數字。

大川紫央 原來如此。

神　武 依你的實際感受，你認為現在有多少感染者？

周恩來 啊，三十萬人吧！

提問者一同 什麼！

周恩來 但這種數字哪能公布？要是有三十萬，就沒人敢來了。

大川紫央 所以「只敢說十分之一左右」的意思嗎？

周恩來 嗯，這是很久之前的數字了。畢竟就是這樣的國家，得要資訊控管才行。

聲稱「發生了預料之外的事」，指摘出擴散方式的異常性

大川紫央 就連北京的大街上也沒什麼人。

周恩來 是啊！日本的工廠也陸續關閉，開始撤退了。如果長期這樣下去的話，就岌岌可危了，外國人也不來，外交更是無從談起。嗯。

大川紫央 不過，中國政府也禁止本國人不得前往其他國家觀光⋯⋯。

周恩來 啊，那是良心⋯⋯。那是良、良、良、良心，有良心吧！

大川紫央 該不會是想利用觀光客打擊其他國家的旅遊業，好讓大家順從中國⋯⋯。

周恩來 不、不、不是。不是這樣的，那是因為如果有大量罹患新冠病毒的人到了國外，會給其他國家帶來麻煩，所以才會加以阻止，這是良心使然⋯⋯。

神　武 現在或許是這樣⋯⋯。

大川紫央 或許是到目前為止（在新冠病毒蔓延開來之前），因為做了那樣的事，而遭到天譴了。

周恩來 嗯。現在狀況變得有些複雜，因為發生一些預料之外的事……。如果是禽鳥之類的話啊，還可以全都埋起來，之後就結束了。

大川紫央 前陣子，四川省才因為禽流感埋了兩千隻雞。

周恩來 我們也搞不明白啊！擴散方式有些異常，實在是很奇怪，這也暴露出中國醫療的落後，完全束手無策啊！現在只能叫人們不要群聚、不要和別人見面……。

大川紫央 從很早之前，就想讓中國的老年人「早點死」嗎？

周恩來 ……你是想讓我說這個嗎？這……。

大川紫央 對此，你是怎麼想的呢？

神武 既然你都來了。

周恩來 那得要去問還活著的政治家，我沒活在這個世上，沒資格說。

神武 不，你不是說你「指導著建國」嗎？

周恩來　雖然沒錯，所以我才來指導李克強啊！不過那個傢伙也是「腦袋有洞」，所以……哎呀，就姑且這樣吧……。

大川紫央　「腦袋有洞」是什麼意思？

周恩來　就是「發瘋了」、「腦漿四濺了」。嗯。

雖有研究生化武器，但不知道發生了什麼事

大川紫央　武漢果然在研究生化武器是嗎？

周恩來　研究是事實。不過，到底發生了什麼事，因為肉眼完全看不見，所以搞不清楚發生了什麼狀況。是被帶進來了什麼東西，又或者被帶出了什麼東西、從哪裡洩漏出來的，完全無從得知啊！

大川紫央　你也會對武器研發進行指導嗎？

周恩來　不，那不是我擅長的。

大川紫央　不擅長嗎？

周恩來　我指導的是整體經營。

大川紫央　你在靈界也在進行指導嗎？

周恩來　我做的是國家營運的指導，如果沒有我們這群做實事的人，毛澤東和習近平不可能營運國家。

大川紫央　原來如此。

周恩來　他們只會出一張嘴。

大川紫央　我想也是，重點還是得做實事對吧？

周恩來　嗯。

2 瀕臨崩潰的中國的世界戰略

阻止中國侵略世界的新冠病毒

神　武　據說，在距離武漢湖北省比較近的浙江省，有一個具有中國好萊塢之稱的電影產業據點，不過，現在中國電影和電視劇好像也都全面停止拍攝了。

周恩來　那是當然的，要是再擴散下去，可就麻煩了。現在所有事都停止了，即使是北京，也沒人搭地鐵。

大川紫央　最近觀看中國電影，大川隆法總裁總是說：「都是撒大錢在拍片，有一種好像『已經可以呼風喚雨』的感覺，如果使用魔法的話，身體就會飛起來，只要利用電腦特效，什麼都辦得到。但相反的，也因為非常地唯物論，剛好表現出中國給人的感覺。而且有不少的中國電影給人一種『中國也擁有著足以匹敵其他國家，好比《一千零一夜》的作品。從過去以來，中國只要有魔力，就能創作出任何作品』的感覺。」

周恩來 嗯，中國最大的戰力，就是「人口」！美國現在最怕的就是被擠掉，不過，中國的「經濟」要是發展起來的話，從數量上看，美國肯定會被擠下來，畢竟擁有這麼多的消費人口。經濟規模能夠變得龐大，電影的市場，當然肯定比美國大。如果賣座的話，大概會有九億的觀看人口，很厲害吧……。

大川紫央 關於電影，中國也進軍到好萊塢，甚至買下其他電影公司，畢竟電影也是傳達思想與文化的一種工具。

周恩來　對，我們用金錢大量收購企業，也買進日本土地，開始四處「經濟侵略」。在這些「經濟侵略」和「文化侵略」之後，接著就打算「真正的侵略」了。為了不讓人們逃出手掌心，這些作法都是最基本的。不過現在人們開始討厭中國人……，這種仇外心理，開始把中國人當成「外星人」，這實在是太不像話了。

大川紫央　有沒有什麼計畫是大幅落後的，好比……。

周恩來　來自海外的投資或人流都停了，香港和台灣的投資也會全部收回吧？日本也會撤出，那些進出中國的企業，現在都打算移往亞洲其他國家發展。此外，中東、非洲、歐洲的「一帶一路」，一旦形成之後，也會成為感染途徑，所以會讓這些國家感到討厭吧？

神武　是啊！

周恩來　所以，若是全世界建立了「萬里長城」把中國給包圍起來的話，那就麻煩了……。中國有全軍覆滅的可能性。

本來「中國的時代」即將到來

大川紫央　你為什麼來這裡？

周恩來　哎呀，這裡是「世界的中心」吧？

大川紫央　（苦笑）對此你認同嗎？

神　武　世界的中心不是中國，你也可以嗎（苦笑）？

周恩來　哎呀，雖然我搞不清楚，總之要是不來這裡的話，最後還是解決不了問題。

大川紫央　有人這麼說嗎？

周恩來　不，大家都這麼說，所以我來了。

大川紫央　是嗎（苦笑）？

神　武　那麼，你希望得到什麼樣的解決呢？

周恩來　嗯。本來「中國的時代」即將到來。

安倍他們也是，自民黨說過「要先扣除國會議員的薪資，送給中國當慰問金」，他們還想擁抱中國，以一起發展經濟為目標啊！

大川紫央　現在，在中國也有人說「日本是個好國家，願意真心對待朋友」。

周恩來　去過日本觀光的人，有很多人是那麼想。有六成左右去過日本的中國人，都逐漸對日本人產生好感了，可是卻有八成的日本人討厭中國人，嗯。

大川紫央　不過，就算中國人去了中東，也好像不怎麼受歡迎……。

周恩來　應該是不被信任吧！終究被人們認為「有太多私欲」。

日本人比較會遵守規矩，不過日本的束縛太多，不能隨心所欲地行動。

中國只要「一聲令下」就能做出決定，日本就沒辦法了。

大中華帝國君臨天下是「五千年來的夢想」

大川紫央 侵略世界，你感到快樂嗎？

周恩來 當然快樂啊！

大川紫央 雖是如此，統治者會面臨到更艱辛的事吧！

周恩來 不，這是「中國永恆的夢想」。大中華帝國要讓全世界前來朝貢、君臨天下，這是自古以來的夢想，是「五千年來的夢想」。所以現在想超越「唐朝的繁榮」、「秦朝的繁榮」。

如果共產主義變成「共享病毒的共產主義」，那就有點棘手了。

大川紫央　不過，實際上就是這種感覺吧？

周恩來　已經傳染給大家了。

大川紫央　在思想上，是不是感覺散佈著「毛澤東病毒」呢？

周恩來　大家都排斥中國，真是傷腦筋啊！

神武　不過，這次還加上了「來自宇宙的力量※」……。

周恩來　我可不知道「宇宙的力量」到底是怎麼樣運作的啊！

大川紫央　你和宇宙的人們……。

周恩來　那是不可能的，因為我是地球人。

神武　你知道有宇宙邪神阿里曼嗎？

周恩來　不，在立場上，我們是不認同那種說法的國家。

※「來自宇宙的力量」 參照《中國新冠肺炎靈查解析》（前述）。

神　武　不過，其實中國背地裡在秘密軍事基地中，和外星人進行著交流※吧？

周恩來　哎呀，那種東西基本上……，如果是唯物主義的外星人，我們就認同。

不認同神和靈魂的存在，自稱是「大仙人」的周恩來

周恩來　不過，我們不認同神啊、佛啊、靈界、靈魂的存在。

神　武　但是，你自己本身現在就是靈吧？

周恩來　嗯，這個嘛，我不懂你的邏輯。

大川紫央　（苦笑）明明坦率地承認就好了。

高　橋　你知道「你已經死了」嗎？

周恩來 嗯，雖然已經死了，但還活著。

大川紫央 那就是所謂的「靈魂」。

周恩來 妳在說什麼啊！我是來到了「蓬萊仙島」。只要來到了這裡，就能擁有永恆的生命。在世間有著地位、名譽、功德的人，只要來到了蓬萊仙島，就能獲得一部分永恆的生命。

大川紫央 我想你的結論，就是想說「因為自己是神」吧？

周恩來 就是這麼一回事。

大川紫央 你是想說「神能獲得永恆的生命」。

周恩來 神這個字，有點容易叫錯，所以不想用神這個字。

大川紫央 你也不認同神啊？

周恩來 因為沒有神。不是神，應該說是「大仙人」嗎？

※ 和外星人進行著交流　參照《遠程透視中國「秘密軍事基地」》（幸福科學出版發行）。

高　橋　大仙人（笑）。

吐露出內心話「要擊敗美國總統哪有那麼容易」

大川紫央　不過，透過侵略他國來擴張自己領土，難道不就是因為統治者們想成為神嗎？因為想讓自己變偉大……。

周恩來　畢竟聽你的話的人越來越多時，不是會感到快樂嗎？

大川紫央　才不會啊！

周恩來　應該會快樂吧！說什麼啊，肯定會快樂的！

大川紫央　那不是「快樂、不快樂」的問題吧！

周恩來　不可否定自己的工作，那絕對會快樂的。

大川紫央　我認為廣布好的思想是件好事。

周恩來 我哪知道如何分辨是好還是壞！

大川紫央 那麼，你的信念是從何而來的呢？

周恩來 現在，那個奧斯卡獎什麼的，「寄生上流※」不是拿到奧斯卡獎了嗎？「寄生」是件好事。

大川紫央 之所以會認為廣布出去是件好事，是因為透過傳達自己所說的話語、內容，能夠讓眾人得到幸福，所以才……。

周恩來 可是美國卻認為「廣布壞事是件好事」。

大川紫央 嗯，關於電影，的確最近有那樣的趨勢。你的信念是從何而來的呢？

周恩來 總之，「大中華帝國」。嗯，不錯啊！

大川紫央 你怎麼老是在講這個。

※「寄生上流」（Parasite） 2019年上映的韓國電影。在第92屆奧斯卡金像獎上獲得最佳影片獎。

周恩來 以後世界上只會剩下中文，其餘的語言都將全部毀滅。你們在二〇五〇年之後，就不用再說日語了。

神　武 你的日語說得很流利，你曾轉生於日本過嗎？

周恩來 嗯，啊，那是、哎呀，那是不可能的。大中華帝國的總理不可能有那種事。

大川紫央 在其他過去的時代，曾經出生在中國嗎？

周恩來 什麼？我不認同有輪迴。

大川紫央 你不是說你是神，有著永恆的生命嗎？

周恩來 靈魂是不存在的，所以沒那回事。

大川紫央 不，你不是有永恆的生命嗎？

周恩來 不，我是大仙人，使用的是仙術，只能感知各種的東西，這樣妳理解嗎？

神　武　從去年左右開始，香港市民對於香港政府以及在背後操控的北京政府，進行著激烈抗戰，你從靈界來看有什麼意見嗎？

周恩來　靈界……，妳怎麼老是說那些錯誤的事啊！

神　武　（苦笑）那麼，周恩來本身有沒有對李克強等人提過什麼建議，又或者對林鄭月娥提過建議呢？

周恩來　現在的時代變得不一樣了，以前還有什麼電視時代之類，嗯，有各種各樣的東西。過去只有中國人才能說別人壞話，現在外國人也開始能講壞話，這得要加以警戒才行啊！美國總統就像個紅鬼大食怪，竟然老是大放厥辭、惡言相向。中國人很難鬥得過這種人。由此可見，習近平是多麼溫厚的人啊！

3 來訪時，看見不可思議的存在

周恩來看見「疑似外星人的東西」

大川紫央 今天你是從什麼時候來的？

周恩來 什麼？今天是從什麼時候來的？早上的……。

大川紫央 校閱※書籍的時候……。

周恩來 早上的那本書，我還在想「糟了，這下子可好了」。

大川紫央 新冠病毒？

周恩來 說什麼「中國新冠肺炎」……。

大川紫央　嗯，因為那是事實。

周　恩　來　什麼「新冠肺炎靈查」？

大川紫央　你怎麼會知道總裁先生正在校閱那本書呢？

周　恩　來　嗯？啊啊？哎呀，不，我可是個仙人啊！當然知道啊！我用千里眼。

大川紫央　那麼，你是看到總裁在校閱嗎？

周　恩　來　嗯。怎麼說呢？還是小心點比較好。這裡住著好像「疑似外星人的東西」，在四處徘徊著，最好小心點……。

大川紫央　啊，那麼，你是認同有外星人的存在嗎？

周　恩　來　哎呀，啊，從唯物論來說的話，存在著外星人也不奇怪，我是說從唯物論來說的話喔！

※ 校閱　大川隆法總裁在收錄此靈言當天早上，正在進行《中國新冠肺炎靈查解析》一書的校閱。

我想應該「可以認同會說華語的外星人」。

大川紫央　好比像是王先生之類的？（笑）

神　武　「外星人王先生……」。

大川紫央　有一部電影叫做「王先生光臨」。

周恩來　如果現在外星人能變身成人類的話，那就變成「中國人」就好。因為中國的戶籍很隨便，所以非常方便。

神　武　你說今天看到「疑似外星人的東西」，那是個怎樣的存在呢？你看到了什麼樣的存在？

周恩來　嗯……，那是外星人嗎？我不太明白，但總覺得是。嗯……我也經常被比喻為諸葛孔明，但比起諸葛孔明，我覺得那外星人更狡猾。

大川紫央　不是狡猾，而是聰明吧！

周恩來　是聰明嗎？但總覺得……不，本來是中國要包圍世界，但是他好像使出了讓中國被孤立的「兵法」。

看到劇烈燃燒的巨大「火球」

大川紫央　你和那個人擦肩而過嗎？

周恩來　如果說「那個……是人」，也總覺得像是一團「火球」。

大川紫央　火球？

周恩來　嗯。

大川紫央　真的嗎？

神　武　是梅塔多隆※？

周恩來　看起來像是火球啊！

※ 梅塔多隆　來自射手座英庫路德（Include）行星的外星人。耶穌基督的宇宙之魂（阿莫爾）的其中一部分。六千五百年前左右，曾轉生於美索不達米亞地區。光之神的一人。

大川紫央 是R．A高爾嗎？

神　　武 R．A高爾嗎？

周恩來 那個時候就在了，上面……就在這個上面啊！

大川紫央 啊，是這樣啊！

周恩來 上午就在上面了。

大川紫央 看起來像火球？

周恩來 嗯。

神　　武 坐在太空船嗎……？

周恩來 不，是火球啊！

神　　武 不是人類的形狀。

周恩來 總覺得……，總覺得像熊熊大火……燃燒著。不過，不知道為什麼周圍都不會著火。

大川紫央　嗯，這是你看到的情景是吧？

周恩來　嗯。巨大的火球※。

大川紫央　是什麼顏色？

周恩來　巨大的火焰啊！

大川紫央　火焰的顏色是？

周恩來　這個嘛，橘色、紅色、黃色，有時候是藍色、紫色。有各種變化。

大川紫央　是七彩變化嗎？

神　武　真厲害。

周恩來　嗯。這種「像火焰一樣的東西」，在大川總裁的周圍環繞著，有時又是呈現合體的感覺。那到底是什麼啊？

※　巨大的火球　根據大川隆法總裁的靈查，已經確定火焰球的母球是R・A高爾的精神能量體。

大川紫央　所以，那個時候你就無法加以靠近，是嗎？

周恩來　與其說「無法靠近」，我還在想「那到底是什麼啊？」

大川紫央　還有其他的外星人嗎？

周恩來　啊，好像還有其他東西在……。

大川紫央　譬如？

周恩來　好像有東西在四處徘徊。

神　武　一樣是火焰嗎？

周恩來　嗯……，總覺得，咦，是人的靈魂嗎？不，這哪能認同，沒那種東西。

大川紫央　還有其他像火球一樣的東西嗎？

周恩來　嗯，不，感覺不像是……。

大川紫央　還有其他不一樣的模樣嗎？

周恩來　這個嘛，不過，覺得像是來自宇宙什麼的……。這個嘛，那個，從天上，像這樣……，總覺得，像這種……。

大川紫央　像是火柱嗎？

周恩來　好像有許多像是「光繩」一樣的東西，那是通訊線嗎？我搞不懂。嗯……好像是，啊，就像是「雪吊」（譯注：將繩子綁成傘狀，防止積雪壓斷樹枝的裝置）一樣的感覺，像繩子一樣，有好多像光繩一樣的東西，降在這棟建築物裡，好像被雪吊一樣保護著的感覺。

對日本的習慣感到麻煩的周恩來

大川紫央　在那種情況下，你還真的闖進來了啊？

周恩來　與其說是進來，其實只是在四處徘徊而已。

這樣能夠說進來了嗎……？

大川紫央　你的夥伴呢？只有你一個人嗎？

周恩來　不，我有許多侍者……，還有很多部下。不過日本的習慣實在令人感到麻煩，不脫鞋的話就不給進去。

提問者一同　（笑）。

大川紫央　啊，也就是說你「被獲批准了」，是嗎？

周恩來　嗯，總之現在可以批准一個代表人……。

大川紫央　只有一個人才能進來嗎？

周恩來　有限定……。

高橋　你脫鞋了嗎？

周恩來　因為是限定，所以我獲准進來。

大川紫央　啊，日本的習慣和中國的習慣不同。

周恩來　嗯，我們穿著戰服時是不脫鞋的。

神　武　你聽到「把鞋脫了，可以進來了」的時候，是否就是你暴露了身份，播放著大川隆法總裁先生原創音樂的時候？

周恩來　（約沉默五秒鐘）不，那時好像播放著「遺落戰境」的電影。

神　武　啊，那是在校閱的時候……。

大川紫央　在校閱的時候，你就已經在了啊！

周恩來　我從窗外看著。

大川紫央　啊，從窗外啊？

周恩來　嗯。

大川紫央　啊，那時候還沒有讓你進來吧？

周恩來　是從外面看。

大川紫央　那麼，你是在什麼時候進來的？

周恩來 不，我是仙人，可以透視。

高　橋 你是被誰允許的呢？

周恩來 嗯……，這個嘛。

大川紫央 是不是大家工作結束，「那一群發光之人」都回去後才進來的？

周恩來 嗯，嗯……，這個嘛，好像有很多秘密，但那些秘密似乎沒辦法跟我們說。

4　對應疫情的現狀和今後的預測

「雖然寫著『死者已超過九百人』，但事實不是如此」

大川紫央　若能再等一下，那個靈查明天（二〇二〇年二月十二日）就會收錄成書了。

周恩來　那本書是在台灣和香港出版，不會來北京。

大川紫央　因為北京很恐怖。

周恩來　那理由是……。

神　武　首先當局不會准許發行，不是嗎？

大川紫央 不過，希望也能確實幫到中國的民眾，所以我們期待這本書能夠從香港或台灣進到中國。

周恩來 不對，那是為了保護香港和台灣的書……。

大川紫央 嗯，那倒也是。

周恩來 但不是只為了「保護」我們的書。實在很奇怪，那個致死率……，雖然寫著「死者已超過九百人」，但事實不是如此，死掉的人更多。

大川紫央 那麼，你是說「官方發表的數字是騙人的」，是吧？

周恩來 嗯，武漢的人數漸漸地減少。

大川紫央 你這樣公開發表，不會被斥責嗎？

周恩來 這個嘛，這個不能公開吧！

神　武 不過，你剛才說「已有三十萬人感染」，也請透露有多少人因此而身故。

周 恩 來　不，以中國文化來說，挖個洞把三十萬人埋起來，是很稀鬆平常的事。

「雖然不知道死亡人數，但武漢人口已經剩不到一半」

大川紫央　不，我的意思是，老實說，對於詳細了解天安門事件的人來看，中國宣稱「要在十天內蓋新醫院」，看到新聞上播放很多挖土機在整地的畫面時，瞬時感到非常震驚……。

周 恩 來　變成屍體安置所了。

大川紫央　我看到那畫面，心裡想著「又要把人給埋掉嗎」。

周 恩 來　有些地方攝影機拍得到，有些地方則拍不到，那些拍不到的地方，一定是在挖一個大坑洞。

神武 用來埋屍體嗎？

周恩來 對。

大川紫央 不過，現在的中國人也使用網路，如此一來還是會被發現吧？

周恩來 所以，為了避免挖坑洞的地方被拍到，只有興建醫院的地方才給拍攝。必須拍給人道主義的國家看才行。

神武 那麼，你認為死亡人數大約有幾萬人呢？

周恩來 我不知道，那數字沒有一個人知道。

大川紫央 死亡人數已經多到搞不清楚有多少人了啊！

周恩來 誰也不知道死了多少人，但我知道「武漢的人口剩下不到一半」。不知道是真的逃跑了，還是死了。

神武 原來如此。

對於這次的病毒，沒有規範也沒有疫苗

大川紫央　最初發現新冠病毒危險性的醫師，好像被當局懲罰了……。

神　武　他遭受到了訓誡。

大川紫央　遭到了訓誡。

周恩來　關於媒體的資訊控管，都是有管理規範的，但像現在這種情形，就沒有制定特別的規範。我們沒有制定像這種萬一遭到宇宙某種攻擊之時的規範。

嗯……，也沒有疫苗，真是棘手啊！我想那些傢伙一定是不讓人研製疫苗，一定在背地裡搞了什麼鬼。

大川紫央　不過，說到疫苗，大概武漢當中的病毒，都變成了那種病毒。

周恩來　不，糟糕的是，就連警察和軍隊都感到害怕。他們都是集體行動，要

是有一個人感染，大家都跟著遭殃。所以，真的很不妙。

「假使這種情況持續下去，中國經濟將遭受大毀滅」

大川紫央 中國的哪一種發展計畫，會因新冠病毒的蔓延而嚴重落後？

周恩來 這個嘛，如果能在三月之前平息就會沒事，但假如繼續下去的話可就糟了。遺憾的是，當年華爾街發生的世界經濟大蕭條，將在中國上演。中國經濟一旦大潰敗的話，全世界都會跟著「感冒」。

大川紫央 這樣下去好嗎？你們的作戰策略沒有什麼遺漏嗎？

周恩來 不，我們……。

大川紫央 什麼？你們……。

周恩來 那不是我們做的……。

周恩來　你們不是正打算報仇嗎？

大川紫央　在中國，原本就有著某種原因。

周恩來　不過，拯救不了啊！世界拯救不了啊！

「或許有幾億人口會突破山區，蜂擁而來」

大川紫央　如果中國放著不管，據說經濟發生泡沫崩潰的可能性相當高。

周恩來　或許想要逃離病毒感染的人們，會佔領新的國家逃離？

大川紫央　佔領新的國家逃離嗎？

周恩來　如果待在中國境內的話，就會被傳染，這麼一來或許會發生「逃出中國」的情形。

大川紫央　不過，在那之前，即使能從中國搭上飛機，也沒有機場可以降落吧？

周恩來 所以，只能用違法的方式了。

神　武 不過，幾萬人要以這種方式逃離，應該行不通吧？

大川紫央 啊，你是指中國政府一起參與偽造護照嗎？

周恩來 如果有幾億人口突破山區，蜂擁而來的話，那就無計可施了。

大川紫央 現在，能離開中國來到日本的人當中，好像也有出生地是湖北省的人們。

其中有一個人在網路上教人如何入境日本，「如果護照的發行地是湖北省就無法入境，但如果不是的話，就算出生地在湖北省也能入境喔」，結果被眾人撻伐。

周恩來 這個嘛，最讓我害怕的是，中國人自己也認為「中國的醫療水準低落」，他們都想著，若是能逃到像是日本之類的國家，就算身上帶有新冠病毒，只要住進日本的醫院就一定能治好。

大川紫央　如果是這樣的話，那麼無論是軍隊或漁民，就會搭乘幾萬艘的船隻，大量湧入日本。

周恩來　「信仰心」似乎才是最好的免疫。

大川紫央　這種說法在科學上行不通吧？

周恩來　會不會是因為有一個心術不正的導演，拍攝了一部電影※，將劉備玄德※描寫成一個滿嘴牢騷的壞蛋……。

大川紫央　是今年（二〇二〇年）要上映吧？

周恩來　或許上天會因此降下「天譴」，讓發生在中國糟糕的一面，「傳染」到日本來。

※ 電影　預定2020年12月上映的電影「新解釋・三國志」（導演・劇本 福田雄一）。

※ 劉備玄德　在過去的靈查中，推測提問者總裁輔佐大川紫央的過去世當中，有一世是劉備玄德。

5 對中國領導人的評論

擔心「李克強死於非命」

大川紫央 現在，中國的先人當中，你能夠與其對話的是什麼樣的人呢？

周恩來 什麼是「先人」？

大川紫央 就是以前之人。不是有嗎？劉備……。

周恩來 在現代……。不、不、不……。

大川紫央 你剛才不是提到劉備玄德嗎？

周恩來 那已經是過去的事了。電影就是對於過去的事……。

大川紫央　除了李克強以外，你還有其他可以說得上話的人嗎？

周恩來　嗯……，還有其他很多人，也有議員喔！不過，都只是能閒聊的人。如果李克強死於新冠病毒，就會涉及到中國的面子問題，所以有點危險……。中國製的口罩有可能無法防堵病毒，那真是可怕。

神　武　現在（收錄靈言時）已經開始傳出，一般口罩有可能無法防止空氣感染。

周恩來　嗯，每個中國人都想要日本製的口罩，擔心著會不會因為戴上中國製的口罩而得病。

「毛澤東帶著女人們在某個洞窟裡避難」

神　武　你沒有和毛澤東說上話嗎？

周恩來 嗯？

神　武 和毛澤東。

周恩來 和毛澤東說話……。

神　武 最近有說話嗎？

周恩來 毛澤東……、咦？毛澤東和女人們不知躲去哪裡了……，該不會在某個洞窟裡避難吧？

大川紫央 啊！已經在避難了啊！

周恩來 嗯。

大川紫央 因為他覺得自己是很重要的人吧！

周恩來 他帶著女人們進入洞窟……，去某個洞窟裡避難了。

神　武 帶著女人。

大川紫央 那是一種「因為我是重要的人，其他就交給你囉」的感覺？

周恩來 嗯，嗯。實際工作都是我在做的。

「鄧小平的想法有令人想不透的地方」

神 武 鄧小平最近如何呢？

周恩來 啊……，鄧小平……。他為了賺錢，在南方正拚命地在打著邊鼓呢！

大川紫央 啊……。在上海之類的地方嗎？

周恩來 他正大聲喊著快賺錢！賺錢！賺錢！賺錢……。

神 武 你最近有跟他進行交流嗎？

周恩來 嗯。真搞不懂鄧小平在想什麼。

神 武 那麼，你對於經濟……。

周恩來 我是專門負責內政。

神武 是統治方面嗎？

周恩來 嗯。

神武 負責統治。那麼，那和建立監視社會有關係嗎？

周恩來 嗯，那個我不太懂。

神武 你說「你不太懂」？

周恩來 從過去中國就是一個監視社會，就算妳那麼問我，我也……。

神武 中國到處架設了許多監視器……。

周恩來 我不懂那些監視器什麼的。

有過日本留學經驗的周恩來所見之日本和中國的不同

大川紫央 你生前曾經在日本的明治大學念過書吧？

周恩來　什麼啊！妳是魔法師嗎？

大川紫央　如果是在現代用「魔法」的話……，我應該說「你在日本留學」吧？

神　武　那麼，原來是這樣，你才會說日語的啊！

大川紫央　原來是這樣啊！

神　武　日本是個好國家嗎？

周恩來　怎麼可能好呢！那種……。

神　武　不過，你還是刻意來留學了吧？

周恩來　日本殺了那麼多的中國人，這種……。

大川紫央　啊！不過，最初因為你的日語能力不足，沒考上第一高等學校和東京高等師範學校。

周恩來　那是民族歧視。

大川紫央　接著，你上了東亞高等預備學校，之後進入現在的法政大學附屬學校。之後，你考上明治大學政治經濟系，還去了靖國神社。

周恩來　我還在法政大學擔任官房長官（相當於黨秘書長），也在明治大學擔任文科大臣（相當於教育部長），沒什麼問題啊！

大川紫央　不、不，不是那個意思（笑）。

神武　你還覺得沒什麼問題（笑）。

大川紫央　既然你曾經待過日本，有感覺到日本和中國有什麼不同嗎？

周恩來　那就是……，日本人老是愛耍威風，臉上根本沒笑容。嗯。中國人是一個幽默風趣、非常友善的民族。

大川紫央　是這樣啊！

高橋　有交到朋友嗎？

周恩來　……總之，留著小鬍子，愛耍威風的就是日本人。

大川紫央　有愛耍威風的感覺嗎？

周恩來 就是那樣。

神　武 你有被欺負過嗎？

周恩來 嗯，怎麼說我也是個美男子，沒被欺負過。

大川紫央 我正打算說這個呢！看你年輕時的相片，你長得還挺不錯的……。

高　橋 （看著年輕時的相片）真的耶！

周恩來 長得像高倉健（日本男演員）。

大川紫央 是啊！這不是挺帥的嗎？

高　橋 的確很帥。

周恩來 長得像高倉健吧！

神　武 眼睛很有神！

周恩來 對日本女性而言，這種長相應該很吃香吧！

神　武 那麼，在日本應該有留下美好的回憶吧？

周恩來 沒有沒有，日本是個壞國家，那可不行。

大川紫央 你自己在共產黨裡，不覺得喘不過氣來嗎？在還沒爬到在最高位置之前，都會受到監視吧？

神武 也會被人告密。

周恩來 只要站在最高位置，就完全不會有喘不過氣的問題了。妳在說什麼啊？

大川紫央 你是說「只要」站在最高位置吧？但還沒有站上之前，還有一段漫長的時間吧？在那之前很難熬吧？

周恩來 這個嘛，只要把它想成是身在軍隊就好了，都一樣啦！

6 周恩來的意圖

前來獲取新冠病毒感染相關資訊

大川紫央　那麼，今天的總結就是，「沒有任何對抗病毒的方法」……。

周　恩　來　總之，我現在是來獲取資訊的。為了獲取資訊……。「在想些什麼」、「該如何處理」，我是為了問這些才來的。

大川紫央　蔓延在中國內部的「侵略他國」的思想，反撲成了一種病毒。

周　恩　來　我們沒這麼想，只是想把中國的先進文化傳播到全世界而已。

大川紫央　不過，剛才也曾提到，實際上醫院或許沒那麼先進吧？

周恩來 嗯，醫院根本就不夠，不管是醫生、藥物、治療儀器、住院設施、護士全部都不夠，因為人口太多了。

大川紫央 所以，就在那個認為「人口太多」的地方，把人命給……。

神武 就是那般「想把人給殺死」的想法，使病毒惡性化……。

大川紫央 對，就是那想法使病毒惡性化。

周恩來 只有有錢人才進得去。

大川紫央 醫院嗎？

周恩來 嗯。只有五分之一左右，也就是兩成的有錢人才進得去，剩下的人只能等死。

大川紫央 不就是因為中國的統治方式有問題，才會變成這樣嗎？

周恩來 不，今後會變得更好。

大川紫央 不對、不對。

周恩來　今後會吸納其他國家的財富，來達到均富。

大川紫央　不過，就算中國想要「吸納財富」，但最後只是告訴著世界那種「只有有錢人才進得去醫院」的邏輯。

周恩來　沒那回事，如果把阿拉伯的石油免費帶到中國，不就變得很富裕了嗎？

大川紫央　那麼，阿拉伯人要怎麼辦？

周恩來　阿拉伯人會淪落為奴隸階級。

大川紫央　就是這種想法，導致病毒惡性化了。

周恩來　嗯，那個我不知道啦！

大川紫央　為什麼會不知道呢？

周恩來　我哪清楚別人的事啊！這個是「世界中國化計畫」。

大川紫央　那麼，如果你生於中東，知道了中國人有那種想法的話……。

高　橋　（笑）（提問者注：周恩來對於開空調，出現極大反應）。

大川紫央　因為我們用現代的魔法，啟動著空調。

周恩來　我生於中東……？

大川紫央　是啊！如果你現在身在中東，知道中國人想把中東的石油搜刮到自己的國家去，不管中東人的死活，你會怎麼想呢？

周恩來　如果我是中東人的話，當然會思考如何將石油高價賣給中國人。

大川紫央　不過，如果中國軍隊來了，說「不准高價賣油」的話……。

周恩來　那不就是仙人跳嗎？

大川紫央　不過，如果讓伊斯蘭人做出仙人跳的勾當，不就絕對是違反戒律了嗎？

周恩來　不，沒關係。中國是沒有宗教信仰的，沒事的。

大川紫央　啊，算了，抱歉，提了讓人搞不懂的話題。

周恩來　要把宗教拋棄掉。

不允許在中國搞革命

周恩來　總之，你們到底在想什麼啊？到底打算想幹什麼……。

大川紫央　不，這都要看中國怎麼想。

神　武　原因出自於中國。

周恩來　那麼，習近平呢？習近平不行把新冠病毒傳染給天皇陛下嗎？

提問者一同　不行。

周恩來　那病毒可是有潛伏期，所以難以被發現啊！

大川紫央　現在，病毒侵入北京已到達什麼程度了？

周恩來　這誰會知道啊！

那要怎麼計算啊？都有潛伏期，要怎麼算啊？就好像被外星人附身了啊！

大川紫央 壞的不是外星人，讓中國搞清楚應該要重新改正的地方，這對未來的中國才好不是嗎？

周恩來 「中國新冠肺炎靈查解析」，這書名可真不好。「侵略中國計畫 邪惡外星人和日本人聯手密謀」，這個標題不是比較好嗎？

神武 不，書名已經決定好了。

大川紫央 相反的，中國也不要老是宣揚自己的價值觀，而是要藉這個機會，向美國、日本等各個國家學習，汲取別人的優點。

周恩來 哪有什麼優點可言啊！現在的中華街，本來是中國人聚集的地方，如今卻開始變得非常冷清。

大川紫央 看到當今的報紙，內容寫著「人們喊著『還給中國言論的自由！公開資訊！』」你不覺得現今中國和時代脫節，很不自然嗎？

周恩來 所以妳才會被稱為「女龍馬」啊！妳啊，別想什麼革命了。

大川紫央 不，沒那回事。

周恩來 要在中國掀起革命，是不被允許的。

神武 不過，你們自己不也是掀起革命嗎？

周恩來 不，「自己發起的」就可以，「他人發起的」可就不行喔！

大川紫央 而且馬克思和共產黨發起的是「肯定暴力的革命」。

周恩來 那是當然的，因為革命得把對方「斬首」才行。

大川紫央 這對於人類的幸福來說，是不會有好的結果喔！

周恩來 必須得把壞傢伙剷除才行啊！

死後繼續牽扯著中國的理由

神　武　你已經死了，沒有肉體了，一直牽扯著中國有什麼好處呢？

周恩來　我變成了「大仙人」，有著永恆不滅的生命啊！

大川紫央　或許你認為如果共產黨能把現在的體制，進一步拓展到全世界，那麼你在歷史上的聲望就會更高吧？

周恩來　嗯，至少在此之前……。中國想要學日軍透過戰爭發展大東亞共榮圈，之後再拿下中東、非洲、歐洲，最後再與美國一決勝負。這是「基本策略」。

大川紫央　為了什麼？

周恩來　那是為了讓其他國家滅絕……，因為要將「整個地球中國化」。

大川紫央　那樣的話，對你有什麼好處呢？

周恩來 我不就是中國總理嗎？

大川紫央 果然，你是為了提高聲望。

周恩來 那不是挺好的嗎？

周恩來在另一個世界的樣貌

大川紫央 已經說了四十九分鐘了，抱歉。

周恩來 我其實是個紳士吧？

大川紫央 不，你肯定是個惡魔。

周恩來 我不可能是個惡魔吧。那是……。

神武 你長出尾巴來了嗎？

周恩來 咦？

不，妳看起來才有尾巴※……。

神武 沒長出尾巴嗎？

周恩來 我沒看過自己的尾巴。

神武 從沒看過？

周恩來 因為沒有鏡子。

神武 那麼，手是什麼顏色？

周恩來 手是……。

神武 身體的顏色呢？

周恩來 就是手的顏色。

大川紫央 是膚色嗎？

神武 身體的顏色是？

高橋 膚色……。

周恩來　咦？身體的顏色，感覺就像喝了紹興酒一樣的……。

大川紫央　滿臉通紅……。是紅色嗎？

周恩來　焦紅的絕美顏色啊！

大川紫央　你喝著紹興酒啊！

毛澤東逃往洞窟深處

大川紫央　你接下來要回哪裡？

周恩來　蓬萊，要回蓬萊仙島。

大川紫央　你在那裡是老大嗎？

周恩來　嗯，我不太清楚，不過應該就是那樣吧！

大川紫央　嗯。

※ 妳看起來才有尾巴　參照《解開第一以賽亞、第二以賽亞之謎》（宗教法人幸福科學發行）。

周恩來 毛澤東在那邊的洞窟裡。

大川紫央 平常就在那裡嗎？還是因為現在新冠病毒蔓延的關係？

周恩來 現在他已經逃到洞窟的最深處。

大川紫央 因為他自己的身體最重要嘛。

周恩來 嗯。他說「人群聚集就會傳染」，要盡量……。

神　武 啊……。靈界也會……（笑）。

大川紫央 果然，他希望人們「掩護」他。

周恩來 嗯。

7 中國需要轉換必要的方針

中國人開始不信任自己的政府

周恩來　總之，現在中國人開始有點不信任政府了，這下子有些不妙。世界也對中國產生不信任感，也開始懷疑那幫想要發展中國經濟與文化的傢伙。

嗯，到底為什麼一定得公布多少人確診，死了多少人啊？真搞不懂。

大川紫央　你是質疑為何要刻意告訴外界那數字嗎？

周恩來　一般都應該要隱匿吧？

神武 也就是說，「應該隱匿壞消息」嗎？

周恩來 嗯，當然啊！你們還說什麼「建國紀念日」，我看應該也讓今天變成「亡國紀念日」！

神武 現在中國好像快亡國了。

周恩來 這個嘛，現在有一點棘手啊！處理不當的話，後果將不堪設想。

大川紫央 習近平的女兒（習明澤）有什麼對策嗎？是在操縱這個時候的數字嗎？又或者，不是這麼一回事？

周恩來 這個嘛，他們應該戴上五片口罩了吧！

大川紫央 啊，原來如此，為了避免傳染。

神武 那是為了自己的人身安全吧！在靈性上，你會和習近平的女兒說話嗎？

周恩來 不，我沒那麼做。

神　武　沒有啊。

大川紫央　那麼，你真的只和李克強說話嗎？

周恩來　這個嘛，或許我還會跟其他人……。

大川紫央　是我們不知道名字的人吧？

周恩來　嗯。

「打算利用新冠病毒弄垮日本奧運」

大川紫央　那麼，再見。

周恩來　這樣就好了嗎？

高　橋　是。

周恩來　我來這邊是為了追問「出了那本書，到底有什麼好處？」

神　武　就像書上寫的那樣，只要確實公開資訊，採取正確對策，疫情就會緩解。

周恩來　不，那樣只會暴露出「日本所做的壞事」，不是嗎？

神　武　不，我們什麼都沒做喔！

大川紫央　日本和我們都沒做什麼喔！

神　武　只是防堵病毒進入日本而已。

周恩來　「R・A高爾」到底是什麼人……。

神　武　外星人。

大川紫央　你可以自己去問啊？

周恩來　嗯，嗯……。

大川紫央　在窗外沒有辦法問嗎？

周恩來　嗯。

大川紫央　如果把這般情景畫成一幅畫的話，肯定會很滑稽吧？你剛剛一直待在窗外看嗎？

周 恩 來　啊啊……。嗯，這是個令人搞不懂的世界。總之，我住在蓬萊仙島。

大川紫央　那是你自稱的吧？

周 恩 來　如果能活兩千年左右的話，那我還能活很久啊！

大川紫央　不過，你沒辦法和唐太宗說話吧？那個跟《貞觀政要》有關的人。

周 恩 來　太宗啊……。嗯，若沒有人牽線的話，很難見到面啊！嗯。這個嘛，我打算建立一個比唐朝更加國際化的都市啊！

日本要辦奧運啊……。如果全世界都用偏見來批判中國的話，我就打算用新冠病毒來搞垮日本奧運。

大川紫央　你還有比奧運更重要的吧！

周 恩 來　如果把一萬人左右的中國大型選手團送往日本的話，病毒鐵定會四處擴散。

神　武　我不知道奧運會變成怎麼樣，因為不明白屆時中國人該如何入境。

周恩來　嗯。光是在日本的話，嗯……。好像大家都認為「日本不是可以治療嗎」，你們得要感到害怕啊！

病毒之所以流行是因為天意

大川紫央　不過，中國還是得注重衛生比較好啊！

周恩來　本來就有在注意衛生……。上次辦北京奧運的時候，就開始稍微注重衛生了。

神　武　是啊，把廁所變成單間的。

周恩來　當時盡可能地不讓人看到如廁。

大川紫央 我從小就聽說「中國的廁所是沒門的」。

周恩來 嗯，不能讓別人看到才行。

大川紫央 所以，趁這個機會，再弄乾淨一點不就好了嗎？

周恩來 所以，這樣下去……，現在世界變得很悲慘，很像以前霍亂和鼠疫大流行的時候。

大川紫央 不過，瘟疫的流行，好像是背後存在著某種天意。中國以前就有這種「天意」的思想吧？

周恩來 不知道啦！

大川紫央 這是天意。

周恩來 所謂的「天」，就是指我的意思吧。

大川紫央 不，毛澤東也曾那麼說。

神　武 怎麼大家都那麼說？

大川紫央 大家都這麼說，習近平的守護靈也是那麼說。

周恩來 嗯。毛澤東也那麼說……。

質疑當今中國的「統治思維」、「對人民的思維」

神　武 你知道「愛爾康大靈※」嗎？有聽說過嗎？

周恩來 不，中國沒有那樣的人啊！

神　武 所以你是在不認識的情況下來到這裡的，是嗎？

周恩來 嗯，妳是指壽老人※吧？

神　武 不是。

周恩來 嗯？

大川紫央 你為什麼來這裡？是受到什麼吸引而來的嗎？

周恩來　為什麼來這裡……。嗯。

大川紫央　現在，新冠病毒……。

周恩來　不，我感覺到我有責任……。我想我是「中國的擁有者」，有著強烈責任感，所以就來了。

大川紫央　原來如此。

神　武　是為了解決問題而來的嗎？

周恩來　嗯……。

神　武　既然如此，改變方針是最好的方法喔。

周恩來　不，是你們在背後操控著什麼吧？

大川紫央　不，沒有操控。

周恩來　你們說著很巧妙的謊言。

大川紫央　不，那是中國才對吧（苦笑）？

※　愛爾康大靈　地球靈團的最高靈。做為地球神，打從地球創世之際，一直以來便引導著人類，並且同時參與宇宙的創始。現今則是以大川隆法之姿降生於日本。參照《太陽之法》、《信仰之法》（皆為幸福科學出版發行）等。

※　壽老人　七福神之一。賜與長壽之神。

神　武　書籍已經馬上要發行了，請好好地閱讀。

周恩來　嗯。該不會讓更多人討厭中國吧？

大川紫央　我們沒有討厭中國人，只是質疑當今的中國體制。對於現行體制、統治的思維、對人民的思維，抱持著疑慮。

周恩來　日本人有著潛在的「優越感」，你們老是有歧視中國人的感覺。妳剛才不是才說到中國「不衛生」之類的話？

神　武　不，沒那回事。日本在學校也學習古典漢文。

周恩來　因為中國的文化水準提高了，所以對細菌的抵抗力變弱了。或許，新冠病毒傳到了印度，印度人也不會生病。

大川紫央　原來如此。你的意思是太過於講究衛生，人類本身的抵抗力反而變弱了。

周恩來　如果沒有那麼衛生，或許人們可以輕而易舉地「消化」掉病毒。

神　武　這是一個新的觀點。

周恩來　現在中國正好在發展階段，所以抵抗力就變弱了。

大川紫央　原來如此。

周恩來　不過，環境衛生的確得再加把勁。

大川紫央　到底有多少人會認真聽我們的對話？

周恩來　嗯，這就是這個世界不可思議的地方。

大川紫央　是啊！

神　武　知道了。那麼，請回去蓬萊仙島吧！

周恩來　好、好、好。

中國需要的是，透過信仰建立新國家

大川紫央　總之，若想解決問題的話，就要找出自己的想法中，有什麼錯誤的地方……。

周恩來　沒有，沒有任何錯誤。

神　武　那麼，你來這裡不就沒意義了嗎？今天，你就等於沒有來過了。

大川紫央　是啊！你不是來找原因的嗎？

周恩來　不不，現在中國面臨到棘手的事，所以我才來商量的不是嗎？妳在說什麼啊！

大川紫央　那麼，你需要我們做些什麼嗎？

周恩來　我現在不是以國家代表的身份前來拜託你們，如果你們有在動什麼手腳的話，可否收手一下了？

大川紫央　不，與其說是什麼手腳，反倒是應該想想自己的想法哪裡有誤，只要導正想法，疫情就會跟著平息了。

周恩來　妳不要說謊了。如果你們是想要掀起革命的話，就趕緊住手。如果現在在中國掀起革命，唯有死刑一條路。

神武　那麼，如果是你們自己再掀起革命不就沒事了嗎？秉持「愛爾康大靈信仰」的這個新信仰，建立一個新國家不是很好嗎？再一次掀起革命……。

周恩來　我都已經在蓬萊山的山頂了，還需要進行什麼革命？我已經得到永恆的生命了啊！

大川紫央　如果是那樣的話，什麼都不會改變。

神武　如果是那樣的話，情況是不會改變的，所以請回吧！

周恩來 嗯。你們都是沒慈悲心的人！

大川紫央 不不不。

周恩來 這我是知道的。

神 武 不，我們已經跟你對話一個多小時了。

周恩來 日本的時代已經結束了。

大川紫央 多做我們剛才所建議的事，這無論是對周恩來也好，對中國以「億」為計算單位的人們的真正尊嚴也好。

周恩來 你們也變弱了啊！

要是以前的日本軍一定會說「一個日本兵可以對付一百個中國人」，很是堅強啊！

大川紫央 你是在尊敬我們嗎？

周恩來 變弱了啊！變弱了。嗯。

從沒想過自己要戴口罩的周恩來

周恩來　嗯……或許我還會再來。總之，今天我看到了奇特的東西。

神　武　是指火焰嗎？

周恩來　火球。

大川紫央　那麼，現在，周恩來在靈界……。

周恩來　說什麼「靈界」，誰知道妳在講什麼？

大川紫央　總之，你現在苦於應付新冠病毒對吧？

周恩來　因為病毒是存在於這個世界的。不過，外星人存在於現實當中也是有可能的。

神　武　附帶一提，你現在戴著口罩嗎？

周恩來 沒想過要戴。

高 橋 沒想過嗎？

神 武 你沒戴口罩嗎？

周恩來 不知道。

高 橋 自己沒做保護措施嗎？

周恩來 沒想過那個。

神 武 終究不就是因為你是靈的關係嗎？

周恩來 沒想過。

大川紫央 你還是承認有靈魂存在不是比較好嗎？「自己是靈魂」。

周恩來 我是仙人啊！因為是仙人，所以嗯……。

神 武 我知道了，那麼請你回到仙人住的地方。

周恩來 嗯。

高　橋　謝謝。

大川隆法　（拍手一聲）嗯，看來他很頭大啊！

自古以來，如釋尊一樣開悟的人們，具有著「六大神通」（神足通、天眼通、天耳通、他心通、宿命通、漏盡通）等六種超越人智，自由自在的能力。那些是能跨越時間、空間的障礙，自在地看透三世的最高度靈性能力。本書作者即能自在地驅使六大神通，進行各式各樣的靈性解讀。

在本書所收錄的靈性解讀，作者使用了靈言、靈視、「穿越時空解讀」（透視解讀對象的過去或未來的狀況）、「遠端觀看」（遠距離透視，讓靈體一部分飛往特定的場所，觀察當地的狀況）、「心靈解讀」（讀取遠方之人思考或想法）」、「相互對話」（讀取平常無法與其對話之各式各樣存在的心思，並代為與他人進行對話）的能力。

第五章

R・A高爾的訊息

——幽浮靈性解讀㊺

二〇二〇年二月十七日

收錄於幸福科學特別説法堂

R・A高爾

來自小熊座・安達魯西亞β星的外星人。宇宙防衛軍的司令官之一，擁有彌賽亞（救世主）的資格。

提問者

大川紫央（幸福科學總裁輔佐）

〔頭銜為收錄當時之職稱〕

1　對中國的變革表現著強烈意志

靈性解讀有著強烈意志的閃爍光點

大川隆法　那顆星沒有在閃爍。如果是因為風或大氣的變化，應該會同時閃爍才對。

那個開始移動了。這兩個……。

大川紫央　我稍微調整一下攝影機……。

大川隆法　那個好像抱持著某種意志。

大川紫央　我把攝影機固定住了。

大川隆法　有拍到嗎？

大川紫央　有。

大川隆法　這裡是東京的港區，屬於南邊，現在上空較低的地方，有物體發出著強光。感覺上它抱持著某種意志。在南邊低空，某個物體抱持著強烈的意志，看起來比其他星星還要大上許多。

※以下內容「」內粗體字部分，為大川隆法所靈性解讀出的外星人訊息。

在本靈言影片中出現的R・A高爾的幽浮

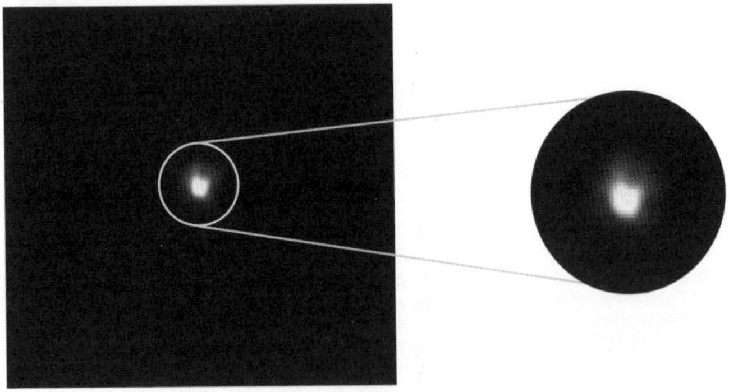

發現者：大川隆法／拍攝者：大川紫央
2月17日21：59／東京都（右方為放大圖）
※在本書書封後折口的部分，刊載著彩色照片。

大川隆法 有什麼想說的嗎。您是哪位？

「R・A高爾。R・A高爾」。

大川紫央 是的。前幾天※非常感謝您。

大川隆法 **「好，好」。**

和歌山出現感染者的理由

大川隆法 **「受害情況似乎擴大了」。**

大川紫央 是啊！還在蔓延當中。

大川隆法 **「看來東京奧運也越來越危險了」。**

大川紫央 是。

※ 前幾天 2020年2月7日收錄的「中國新冠肺炎靈查解析」中，R・A高爾答覆提問者的疑問。參照《中國新冠肺炎靈查解析》（前述）。

大川隆法　「而且，自從提高消費稅以後的政權景氣動向，也逐漸惡化當中。從去年的十月到十二月就已經非常嚴重……，據說GDP是負成長六點三%，一月到三月的情況還更糟，大概是失敗，大失敗了。終究，邀請習近平當國賓和奧運會牽連在一起，情況很是嚴峻啊」。

大川紫央　是啊！

大川隆法　「還有，在野黨對於關於稅金的使用等等，對於政權的攻擊力道開始變強了。

現在到了必須思考『這下該怎麼辦』的時候了。

據說，東京馬拉松已經不讓一般人參加了。」

大川紫央　是啊！因為新冠病毒的關係。

大川隆法　「世界正被緊急踩剎車，今後世界將如何變化，著實讓人們傷腦筋。

不過，日本快要接近世界第二※，想必會受到影響」。

大川紫央　是啊！

大川隆法　**「和歌山出現感染者，很明顯是和自民黨的幹事長有關」。**

大川紫央　是指想對中國朝聖的那位議員嗎？

大川隆法　**「對，沒錯。那些號召『給中國送慰問金去』之類的作法，說穿了只是想持續邀習近平做為國賓訪日吧！只有和時代脫勾的人才會那麼做吧」。**

大川紫央　原來如此，所以和歌山才出現了感染者啊！

大川隆法　**「目前的感染人數是數萬人……，應該已經突破了六萬人了，不過這個數字不會就此停止，現階段的實際數字應該會更多。看來，中國已經開始在操縱統計數字了」。**

※ 日本快要接近世界第二　收錄靈言當時，日本國內新冠病毒的感染人數是世界第二。

大川紫央　幽浮不停地移動著。

大川隆法　「的確在移動，激烈地閃爍著」。

「重新檢視一味仰賴中國」的天意作用

大川隆法　「現在，我們也正在進行激烈的爭論。日本也一樣，經濟上也會受到損傷。但是損傷的結果，如果只是讓『在野聯盟獲勝』的話，那情況也將十分嚴峻」。

大川紫央　即使不是新冠病毒，中國的實體經濟也有可疑之處，如果日本經濟繼續仰賴中國，很有可能會在某處陷入困境。

大川隆法　「嗯，是啊！縮小貿易規模，撤回日本在中國的工廠，當然，也有可能發生因為無法生產零件，而導致日本國內停產的情況，但最終還是必須轉回日本國內製造。如果一直都是在中國製作的話，是無法長久持續下去的」。

大川紫央　也就是說「如果一直依賴中國，一旦那邊發生什麼事的話，也會危及到自己的國家」。

大川隆法　「沒錯，沒錯。現在是一種『為了追求低廉人事成本，蓋了很多工廠，本想透過接獲許多零件和轉包訂單來繁榮經濟，不過反倒是幫助中國繁榮起來了』的情形。

而現在有一股天意，要人們『重新檢視這種一味仰賴中國』的情形。

雖然多少會伴隨一些苦痛，但還是必須制定即便在日本國內，也能以日本一國為中心繼續生存下去的政策。

我認為中國即將進入『封鎖狀態』」。

不允許讓中國再進一步發展經濟

大川紫央　關於中國自身的內政，中國人自己也應該更加關心才對。

大川隆法　「嗯，是的。要是內部有人敢說『要公開資訊』、『應對不力』之類的話，這些人很快就會被強行拉走、監禁、被消失。在這種狀況下，還想對外界表現出一副經濟繁榮的樣子，終究是不可能的」。

大川紫央　這果然有點像是一種障眼法……。

大川隆法　「那就好比毒品一樣，是某種『毒品經濟』。若是再進一步的發展下去，就是一種惡。看來，有必要重新審視一下自己的生存方式。這可是一種名為『社會主義』或『共產主義』的『毒品』。要是大家開始認為『這是成功之道』的話，人權就會崩潰，世界將更加走向『一黨獨裁』或『專制政治』的方向。我們不能允許這種情況發生。目前還不能公開這次新冠病毒感染系統的全貌。雖然病毒已大量進入了北京，不過感染人數沒有被公開」。

大川紫央　感覺上好像只在武漢發生。

大川隆法　「看起來雖然好像是那樣，不過並不是那麼一回事。北京市內也出現很多疫情，但是沒法對應。

為了對應疫情，如果在四處蓋避難營、病房，又或者例如在天安門廣場搭上帳篷，放滿病床的話，那就會被全世界看得一清二楚。就是因為沒法這麼做，所以現在中國拚命地想隱匿實情。然而實際上死亡人數已經到了用萬來計算了吧！

這和蘇聯解體的過程是一樣的。終究，『公開內部的壞消息』和『希望世界伸出援手』都是一樣的。這就好比『其實，內臟其實長了非常不好的壞東西，但外表看起來很健康』的狀態。

此外，現在對北韓和南韓的傷害也越來越大了。

不過，我覺得現在正是最後的機會。如果不在此時踩住煞車的話，不久必定會爆發一場巨大的世界戰爭」。

大川紫央 是啊！

大川隆法 「慢心是沒有止境的。原以為是自己快速進擊所攻下的戰果，最後終將變成一片『廢墟』」。

逐漸走向奧斯威辛集中營化的中國現狀

大川紫央 結果，日本因為過於仰賴中國經濟，已經走到了若是不乖乖聽話，就無法存活下去的窘境了。

大川隆法　「對，沒錯」。

大川紫央　幾乎都變成這樣了，如果是這樣的話，就會變成了主從關係。

大川隆法　「對，沒錯。中國把大量觀光客送往日本大肆購物，支持日本的工廠大量生產。接著，讓日本參與中國一帶一路的經濟戰略。大概就是這種模式吧？然後，中國以為自己『從中東控制到了歐洲』，結果竟在這個絕妙的時機被踩剎車。

現在的中國，人無法從當中出來，外面的人也不進去，設立在中國的工廠相繼撤離，一個一個往外撤。看來這個巨大的中國本身，正逐漸走向「奧斯威辛集中營」一樣。

如果人數最後攀升到一百萬人的數字，那麼想要逃離中國的人就會變得更多。

接下來，那些感染者就會開始受到凌虐，被聚集到類似某種自治區的地方。

如此一來，國外的媒體就無法進行採訪。人們被隔離起來之後自生自滅的樣子，能否逃過世人的眼光呢？」

大川紫央　中國境內的人也是受害者，必須要予以解放才行啊！

大川隆法　「原本他們想要向人們洗腦，說著『就只有台灣人和香港人有病，腦袋有問題，看不到國內的大發展』，但現在中國本土當中的人們開始覺得『其實我們是不是被騙了啊』。掩蓋資訊、輕視生命，接著進行『只能服從』的資訊控管，讓敢於對政府提出意見的人消失。這就是喬治．歐威爾所說的極權主義的國家」。

大川紫央　那真是一個讓人類變成「家畜」，受到監視的社會。

大川隆法　「就算有再多的社群網路服務、手機或智慧型手機，所有資訊都還是會受到管控和檢舉……」。

大川紫央　也就是被「反利用」……。

大川隆法　「如果中國政府反過來被人們檢舉，那就沒意義了」。

大川紫央　前幾天，報紙上刊登了一則新聞：「將武漢市的現況上傳到網上的幾個人突然消失了」……。

大川隆法　「啊啊，以後這樣的情況會越來越多，中國越來越像納粹了」。

大川紫央　是，他們恐怕是被檢舉了吧！

大川隆法　「一舉消滅反政府勢力。最後，或許這個病毒有可能被反利用」。

大川紫央　原來如此。

大川隆法　「如果把他們聚集起來放任不管的話，終究就會死去。不知道會不會發生那種情形」。

「不正確的勢力，不可對世界造成過大的影響」

大川紫央 為什麼他們會做到這種程度呢？難道是因為擁有權力嗎？

大川隆法 「不，終究他們沒有『神子』的概念」。

大川紫央 啊啊，有一台飛機……。

大川隆法 「現在可以看到下面的飛機。這架飛機正在超低空飛行，奧運會變成怎麼樣呢？現在飛機正為了奧運，進行著低空飛行練習。我想奧運的狀況不妙啊！」

大川紫央 相當嚴峻啊！

大川隆法 「馬拉松停辦了，既不能去皇居參賀、也不能去為天皇祝賀生日，現在都不能群聚集會了。你們現在正為找不到演講會場而發愁，但要是真的辦了，或許聽眾也

只會變得稀稀落落。

日本會有一段時間處於相當嚴峻的狀態，日本國內必須轉換體制才行。應該要改變仰賴中國的體制，而且要讓『如果讓邪惡勢力發展下去會如何』的輿論越來越強大才行」。

大川紫央 對不起，打斷您方才的講話。您剛才說極權主義中的統治者們，終究沒有抱持著「人是神子」的概念？

大川隆法 **「完全沒有。所以，只要控管、統治、讓人乖乖服從就行了。他們姑且把人們當作生物，但充其量像是在養豬一樣。養了『十四億人的豬』。**

不過，有一部分的菁英們或許會認為『自己是神的分身』吧」。

大川紫央 不可思議的是，一旦變成過度的左派思想或自由主義，就變得不會認為「因為人類是神佛之子，所以尊貴」，而是變成「這個世界的生命才最重要，所以必須珍惜」。另一方面，這樣的人會變得非常傾中，對中國什麼也無法說，這是為什麼呢？

大川隆法　「無論是日本的保守政黨或左派政黨，都無法向中國清楚地說出責難話語，變成一個非常不可思議的國家。在經濟上，實在是過於依賴中國。

不過，應該要瞭解『不能讓不正確的勢力持續擴大，也不可對世界造成過大的影響』。

雖然中國的疫情狀況很可憐，但我認為必須要讓外界進一步看到「他們正受到什麼教訓」。

停靠在橫濱港遊輪上的旅客被監禁，人們每天盯著電視的報導，要不就是有人在河上的船屋餐廳被感染，現在已經進入了「人們害怕群聚的時代」。

按照這種速度，『對抗疫苗』尚無法被研發出來，所以世界將進入必須保持距離的時期。

在這段過程當中，必須廣布「正確的想法」才行。

在中國境內尚未實現『多元化價值觀』、『言論自由』、『新聞報導自由』之前，我們是沒有打算收手的」。

2 「日本啊！要像個國家！」

「唯有明確表明自己並非是無神論的國家，才能維護國家的獨立」

大川紫央　感覺日本也有和中國相似的地方……。

大川隆法　「越來越像了，而且是非常像」。

大川紫央　終究必須再重新打造一個富含信仰心，以及實行真正的民主主義的國家。

大川隆法　「跟中國真的很像啊！

為了讓安倍政權不被批判，安倍首相本人已經開始箝制媒體，就連檢察系統、警察全都將其納入體制當中。

現在已經可以聽到經濟失速和民眾的怨聲。嗯，接下來會如何呢……。

總之，政壇已經早一步進入了繼承人之爭，『看誰夠資格』。他們還在觀察『強烈親中派的人成為繼承人是好是壞』，但除非他們明確地給出正確答案，否則我們是不會罷手的。

所以，今後將出現許久不見的「嚴峻狀況」，感染人數應該會增加到一個龐大的天文數字。

嗯，雖然不知是否會達到「億」的單位數，但我們打算持續地進行，直到「世界的向量」改變為止。

此外，對於日本來說，我已經告訴你們『信仰疫苗』一詞，但我想教導你們『唯有明確表明自己並非是無神論的國家，才能維護國家的獨立』」。

大川紫央　原來如此。

這也說明了區分出各民族的原因。。

大川隆法　「沒錯、沒錯。

啊，日本真的很危險。按現在的情況發展下去，日本極有可能被中國

吸收為一個衛星國家」。

大川紫央　是。

「別小看R．A高爾」

大川隆法　「在這之前，有人曾經說過『別小看愛爾康大靈』，但我想補一句，

『也別小看R．A高爾啊！』我們其實還擁有著更強大的力量，有著

能夠控制的力量」。

大川紫央 我們身為弟子，因為自身力量不足，還得讓在宇宙的您費心幫忙，我們真的深感慚愧。

大川隆法 **「哎呀，我們也的確從來沒被感謝過。到目前為止，有許多情形我們都曾參與其中，但一次也沒被感謝過」。**

大川紫央 真的對不起。

「必須找回勤勉精神」、「更大的威脅即將到來」

大川紫央 在世人意識到必須注意的道理之前，災禍會蔓延到了世界各地，但從結果上看，我認為那終究是人類必須克服的課題。

大川隆法 **「啊啊，嗯。**

嗯，不過，至少今年的方向性已經十分明確。
日本的經濟狀況相當不樂觀，對於經濟衰退的悲觀論也不斷地出現，
然而現今應思考如何重建國家。
我認為應抱持著『回過頭重新打造一九九〇年之後的日本』之心態而努力」。

大川紫央　現今應重新找回做為日本人美德的勤勉精神……。

大川隆法　「嗯，這很重要」。

大川紫央　不過現在卻往「反方向」發展。

大川隆法　「嗯，中國人的撈錢方式，特別是南方地區，人們真的像是『經濟動物』一樣賺錢，之後為了炫富又而四處撒錢購物、旅行。
今後將步入嚴峻的時代。
用你們的世界的話來說，找回『二宮尊德精神』和『山繆爾．斯邁爾

斯（Samuel Smiles）精神』，畢竟是很重要的。

嗯，還會有一波更大的威脅。

不過我們最終還是有著拯救的方法，所以沒問題」。

「應改變仰賴中國的經濟和政治」

大川紫央 不過，您終究是希望人類能克服這個過程，進而能真正地拯救人類的靈魂。

大川隆法 「是啊！如果不給予天譴，人類就無從察覺的話，那就太可悲了。人類必須要能夠做出判斷才行」。

大川紫央 是啊！

大川隆法 「嗯……這波疫情會一直持續到直到人類知道這是天譴為止」。

大川紫央　不過，現在的人們尚未察覺這是天譴，只知道以天候、科學來說明一切。

大川隆法　「啊，從左派人士來看，所謂的『天譴』，就好像是欺壓人權一樣」。

大川紫央　對，沒錯，就是有這樣的人。

大川隆法　「應該要改變路線啊！必須要從不同意義來思考繁榮。那種仰賴中國的經濟和政治的路線，得改變一下方向才行。不要以為情況會一下子就解除。

因為這是『天意』。」

大川紫央　是。

大川隆法　「還有，中國還想改造朝鮮半島，中國肯定想要創造一個『統一朝鮮』」。

大川紫央　中國好像真的是以此為目標。前幾天※，文在寅先生的生靈也來了。

大川隆法　**「對，沒錯。不過，中國也因為疫情，一下子打亂了全部的計畫，所以『統一朝鮮』的這個侵略性夢想，也同時破滅了」。**

二〇二〇年是學習獨立的一年

大川隆法　**「即便如此，我們還是會盡量用和平的方法來解決」。**

大川紫央　的確如此，如果沒有發生這樣的事，就真的會演變成

※ 前幾天　2020年2月5日收錄了「文在寅守護靈、雅伊多隆的靈言」。內容收錄於《中國新冠肺炎靈查解析》。

人類之間的戰爭浩劫……。

大川隆法　「真的會變成槍林彈雨，核導彈滿天飛的時代」。

大川紫央　人死了，建築物也沒了……。

大川隆法　「沒錯。那應該不是什麼值得高興的事情吧？」

大川紫央　是。

大川隆法　「現在是一種不知道是誰搞的，好像是一個謎樣的外星人表現出『天怒』的情形」。

大川紫央　是。

大川隆法　「不過，我得告訴人們，除了這個新冠病毒之外，或許還有其他天災即將來臨」。

大川紫央　是。

大川隆法　「嗯，從這個意義來說，今年除了是『忍耐的時期』，更是學習『獨立』的一年。

「我還想再說一次，『日本啊！要像個國家』，『要成為引導世界的先驅』」。

3 樹立宇宙正義

習近平若不反省，就不會收手

大川紫央 您這樣沒關係嗎？

大川隆法 **「什麼事？」**

大川紫央 您說了這麼多的訊息，會不會因此「被對方盯上」呢？

大川隆法 **「嗯……，我這是一個匿名，沒事的」。**

大川紫央 請您務必小心。

大川隆法 **「好。我想終有一天，我能揭露更多有關於我的事情」。**

大川紫央 是。

大川隆法 「現在雲從背後飄過去了吧？」

大川紫央 是。

大川隆法 「雲在背後飄動，那就表示我的高度並沒有那麼高，現在正處於距離地面五百公尺左右的地方」。

大川紫央 原來如此。

大川隆法 「還會出現更大的環節，現在雖然已經讓人感到有些衝擊，但人們還沒改變關鍵的想法」。

大川紫央 人們還沒到反省的地步嗎？

大川隆法 「還沒，完全還沒。習近平還說著『敵人是惡魔，必須殲滅惡魔』，所以我們是不會收手的」。

唯物主義者執著於「世間的生命」，「自我保存欲」變得強烈

大川紫央 對於人類來說，最大的恐懼就是死亡。「將死之際，在有沒有來世都不知道的情況下就要死了」，這是最大的恐懼。

大川隆法 **「不，這樣的人，就算死了自己也不知道」。**

大川紫央 沒錯。今天，梅林大師※也說「就算死了也不知道」。

大川隆法 **「嗯。唯物主義者在某種意義上，相當執著於世間的生命」。**

大川紫央 所以「自我保存欲」會變得強烈，不管他人死活，只為了實現「自己的欲望」……。

大川隆法 **「對，沒錯。所以，現在正是應該從日本廣布道德的時候。我認為，現今正是由『源自日本的思想』來改變中國的時候。安倍也有點傾向於極權主義，所以我認為廣布你們的思想非常的重**

要」。

大川紫央　是。

大川隆法　「加油！幸福科學」。

大川紫央　是，真的很抱歉。

大川隆法　「好」。

R．A高爾搭乘的幽浮是？

大川紫央　最後，因為幽浮靈性解讀，能否告訴我今天的幽浮形狀？

大川隆法　「今天的幽浮大小是寬七十公尺左右，高三十公尺左右，嗯……，這個嘛，感覺上像是正月陀螺上下連接的

※ 梅林大師　2020年2月17日收錄了「魔術師梅林的靈言」。

形狀」。

大川紫央　原來如此。

有幾層呢？

大川隆法　「幾層？嗯，大約三層……上面三層，下面三層，嗯」。

大川紫央　好的，今天的幽浮是幾人座呢？

大川隆法　「今天坐了五十三個人」。

大川紫央　很大啊！

大川隆法　「的確是，因為是司令船，也是戰艦，上面搭載著武器。

萬一有人對我們進行攻擊，我們就會用武器應戰。我們擁有像雷射砲一樣的武器，還有一個『比雷射砲更高階的武器』。

所謂『比雷射砲更高階的武器』是指，當準心瞄準到某一個東西的時候，即能夠把這個東西轟到異次元。我們擁有這種『異次元火箭

炮』。所以，當其他惡質的幽浮出現時，我們就能夠把它整個轟到宇宙的角落」。

大川紫央　原來如此。

「我們要建立宇宙正義」

大川紫央　對不起。不知道這個問題是否適合問您。年初時，總裁看到了一群像是艦隊一樣的東西，做了靈查發現，看似與中國人有關聯的來者不善的外星人，想要在這附近建立基地，請問那個是……。

大川隆法　**「啊啊。因為這附近有中國大使館啊！他們有時候會過來」。**

大川紫央　啊，那離這裡很近啊！

大川隆法 「不過，他們只待了一分鐘左右，因為我把它們趕走了」。

大川紫央 啊，這樣啊！原來如此，謝謝您。

原來是您趕走的啊！

大川隆法 「對，沒事的，在技術上，我們領先一步。

雖然他們的戰艦，或者是說幽浮看起來很大，但不代表他們很強，終究還是要看科學技術的水準。他們贏不過現在的我們」。

大川紫央 原來如此。

大川隆法 「因為我們現在是最強的」。

大川紫央 是。

大川隆法 「我會保護你們」。

大川紫央 真的非常感謝。

大川隆法 「我會徹底保護的。

直到你們的想法廣布到全世界，我會持續保護下去」。

大川紫央　是。

大川隆法　**「我會努力的」。**

大川紫央　這才是黃金時代的真正意義吧……。

大川隆法　**「黃金時代就是『這個』！我們要樹立『宇宙正義』」。**

大川紫央　是，今天也非常謝謝您。

大川隆法　**「好，謝謝」。**

他把話說得很清楚啊！

大川紫央　是的，謝謝您。

大川隆法　R・A高爾很強了。

地球的力量已經起不了作用了啊！

後記

去年十月，日本將消費稅調高至十％（原本為八％）時，完全沒預料到今年三月會發生如此事態。中國、日本、韓國的經濟是否會崩潰？抑或是世界的經濟會大蕭條？如此不安掠過心中。

日本舉行著沒有觀眾的棒球、足球、相撲比賽，學校被陸續停課，集會也被陸續禁止。這狀況簡直就像當年「三一一」海嘯之後的菅政權時期一樣。無論是中國，還是日本、韓國，都橫行著「謊言和欺騙」的政治。

「神懲」應該還會繼續下去。不過，沒有必要被黑暗的思想束縛。在沒有正確信仰扎根的國家當中，正發生著淨化作用。

人類的生命力本來就比冠狀病毒來得強韌。

即便原因是死神從中國武漢的病毒研究所當中逃走，正確信仰神佛之人，勢必能戰勝這一切。

二〇二〇年　三月三日

幸福科學集團創始人兼總裁　大川隆法

國家圖書館出版品預行編目(CIP)資料

守護靈靈言　習近平的辯解：為中國新冠肺炎所苦惱的領導人真實心聲／大川隆法作；幸福科學經典翻譯小組翻譯. -- 初版. -- 臺北市：台灣幸福科學出版，2020.05
304面；14.8×21公分
譯自：守護霊霊言　習近平の弁明：中国発・新型コロナウィルス蔓延に苦悩する指導者の本心
ISBN 978-986-98444-5-1(平裝)

1. 領導者　2. 政治　3. 國際關係　4. 中國

574.18　　109006210

守護靈靈言 習近平的辯解

為中國新冠肺炎所苦惱的領導人真實心聲

守護霊霊言 習近平の弁明：中国発・新型コロナウィルス蔓延に苦悩する指導者の本心

作　者／大川隆法
翻　譯／幸福科學經典翻譯小組
主　編／簡孟羽、洪季楨
封面設計／化外設計
內文設計／黛安娜

出版發行／台灣幸福科學出版有限公司
104-029 台北市中山區中山北路三段 49 號 7 樓之 4
電話／ 02-2586-3390　傳真／ 02-2595-4250
信箱／ info@irhpress.tw
法律顧問：第一法律事務所　余淑杏律師

總 經 銷／旭昇圖書有限公司
235-026 新北市中和區中山路二段 352 號 2 樓
電話／ 02-2245-1480　傳真／ 02-2245-1479

幸福科學華語圈各國聯絡處／
台　　灣　taiwan@happy-science.org
地址：台北市松山區敦化北路 155 巷 89 號（台灣代表處）
電話：02-2719-9377
官網：http://www.happysciencetw.org/zh-han

香　　港　hongkong@happy-science.org
新 加 坡　singapore@happy-science.org
馬來西亞　malaysia@happy-science.org

書　號／978-986-98444-5-1
初　版／2020 年 5 月
定　價／350 元

廣		告		回				信
台	北	郵	局	登	記	證		
台	北	廣	字	第	5	4	3 3	號
平								信

IRH Press Taiwan Co., Ltd.
台灣幸福科學出版有限公司

104-029 台北市中山區中山北路三段49號7樓之4
台灣幸福科學出版　編輯部　收

請沿此線撕下對折後寄回或傳真，謝謝您寶貴的意見！

守護靈靈言

習近平的辯解

大川隆法
Ryuho Okawa

台灣幸福科學出版有限公司

守護靈靈言　習近平的辯解
讀者專用回函

非常感謝您購買《守護靈靈言　習近平的辯解》一書，
敬請回答下列問題，我們將不定期舉辦抽獎，
中獎者將致贈本公司出版的書籍刊物等禮物！

讀者個人資料　　**※本個資僅供公司內部讀者資料建檔使用，敬請放心。**

1. 姓名：　　　　　　　　性別：☐男　☐女
2. 出生年月日：西元　　　　年　　　　月　　　　日
3. 聯絡電話：
4. 電子信箱：
5. 通訊地址：☐☐☐-☐☐
6. 學歷：☐國小 ☐國中 ☐高中／職 ☐五專 ☐二／四技 ☐大學 ☐研究所 ☐其他
7. 職業：☐學生 ☐軍 ☐公 ☐教 ☐工 ☐商 ☐自由業☐資訊 ☐服務 ☐傳播 ☐出版 ☐金融 ☐其他
8. 您所購書的地點及店名：
9. 是否願意收到新書資訊：☐願意　☐不願意

購書資訊：

1. 您從何處得知本書的訊息：（可複選）☐網路書店　☐逛書局時看到新書　☐雜誌介紹　☐廣告宣傳　☐親友推薦　☐幸福科學的其他出版品　☐其他
2. 購買本書的原因：（可複選）☐喜歡本書的主題　☐喜歡封面及簡介　☐廣告宣傳　☐親友推薦　☐是作者的忠實讀者　☐其他
3. 本書售價：☐很貴　☐合理　☐便宜　☐其他
4. 本書內容：☐豐富　☐普通　☐還需加強　☐其他
5. 對本書的建議及觀後感
6. 您對本公司的期望、建議⋯等等，都請寫下來。

IRH Press Taiwan Co., Ltd.
台灣幸福科學出版有限公司